초보자가 꼭 배우는

독학
중국어 첫걸음

개정판2

초보자가 꼭 배우는

독학 중국어첫걸음 개정판2

2007년 02월 20일 초판 1쇄 발행
2023년 12월 25일 개정2 1쇄 발행

지은이 장숙분(張淑芬)지음/국제어학연구소 중국어학부
펴낸이 이규인
펴낸곳 국제어학연구소 출판부

출판등록 2010년 1월 18일 제302-2010-000006호
주소 서울특별시 마포구 대흥로4길 49, 1층(용강동 월명빌딩)
Tel (02) 704-0900 **팩시밀리** (02) 703-5117
e-mail changbook1@hanmail.net
홈페이지 www.bookcamp.co.kr

ISBN 979-11-9792046-2   13720
정가 18,000원

초보자가 꼭 배우는

독학 중국어 첫걸음

개정판2

장숙분(張淑芬) · 국제어학연구소 중국어학부 지음

ILR 국제어학연구소

이 책의 구성

DIALOGUE

중국어에서 기본적으로 알아야 할 표현을 인사, 축하, 초대, 공부, 길묻기, 쇼핑, 은행, 우체국, 전화 등, 상황별로 5과씩 나누어 체계적인 학습이 되도록 하였습니다. 각 회화는 4문장으로 구성하여 초보자가 공부하기에 무리가 없도록 하였습니다. 4문장이지만 한 번에 조금씩 차근차근 익히다 보면 어느새 세련된 표현까지 자유자재로 구사하게 됩니다.

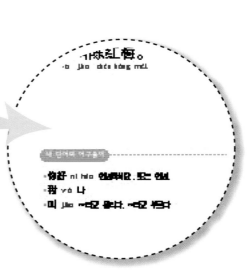

새단어와 어구풀이

회화를 익히며 막히게 되는 문장을 손쉽게 알 수 있도록 필수 단어를 간추려 실어 놓았으며 어구를 풀이해 놓아 회화에 쉽게 접근하도록 하였습니다.

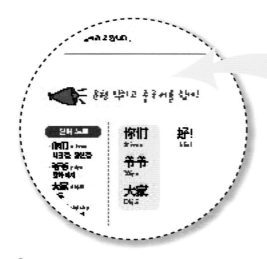

문장을 익히고 중국어를 쉽게

한 나라의 언어를 배운다는 건 어휘의 습득과 그 응용력이 관건이기에 패턴 익히기를 통해서 보다 많은 어휘 습득과 회화 실력 쌓기에 주력하였습니다. 단어를 바꿔가며 반복하다 보면 어느새 입에 익어 술술 말문이 터지게 됩니다.

4

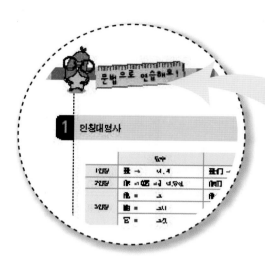

문법으로 연습해요

회화를 공부하기 위해서 기본적으로 꼭 알아야 할 기본 문법을 초보자도 이해하기 쉽도록 풀어놓았습니다. 문법을 확실히 익히면 심층학습이 가능해집니다. 빠뜨리지 마시고 꼭 숙지하십시오.

확인하고 넘어가요

충분한 연습을 통해 반복 학습이 가능하도록 하였습니다. 매과를 배우고 난 뒤 먼저 간단하게 확인 학습을 하고, 다섯 과마다 종합적으로 연습하는 부분이 있어 원활한 복습이 이루어지도록 하였습니다.

쉬엄쉬엄 보아요

다소 지루해지는 공부에 흥미를 더하고, 본문에서 다루지 못했던 것을 보충해 주는 코너입니다.

머리말

중국하면 무엇이 가장 먼저 떠오르는가? 우리는 13억이 넘는 엄청난 인구, 세계에서 세번째로 넓은 국토, 사회주의국가, 2008년 베이징 올림픽 등을 쉽게 떠올릴 수 있다. 그외에도 유례를 찾아보기 힘든 눈부신 경제성장을 빼고 오늘의 중국을 설명하긴 어렵다. 덩샤오핑이 1978년 개혁개방을 추진한 후로 30여 년 동안 연평균 9.8%의 성장을 한 중국은 이미 경제규모가 3위에 올라있다. 세계 1위에 오를 날도 그리 멀지 않아 보인다. 미국이 주도하던 세계 경제도 점점 중국의 영향력이 강화되고 있으며 기축통화인 미국 달러화도 중국 인민폐(RMB)의 강한 도전을 받고 있다.

국제적인 흐름에 따라 우리나라도 1992년 중화민국 대만과의 국교를 단절하고 중화인민공화국과 외교관계를 수립했다. 그때부터 이어진 중국어붐은 아직도 식을 줄 모르고 있으며 주기적으로 오히려 더 뜨겁게 달아오르고 있다. 어쩌면 이것은 지극히 당연한 일인지도 모른다. 중국은 일본과 함께 우리나라와 가장 가까운 나라이며 중국어는 세계에서 가장 많은 사람이 사용하는 언어이기 때문이다. 그 동안 국내에 많은 교재들이 소개되었지만 영어를 주로 공부하던 학습자에게 사실 낯설고 어렵게 느껴졌던 것이 사실이다. 그래서 본 교재는 다음 네가지 점에 중점을 두어 중국어를 처음 배우는 학습자에게 보다 쉽게 다가가고자 한다.

첫째 매과의 분량을 하루에 모두 학습할 수 있도록 조절하였다. 그 동안의 교재를 보면 한 과의 내용이 너무 많아 학습자에게 부담스러웠다. 한 번에 조금씩 차근차근 배우다 보면 어느새 세련된 표현까지 자유자재로 습득하게 된다.

둘째 상황에 따라 다섯 과씩 나누었다. 인사, 축하, 초대, 공부, 쇼핑, 전화 등과 같이 특정 상황에 따른 주요 표현들을 분류하여 보다 체계적인 학습이 되도록 하였다. 이렇게 상황을 묶어줌으로써 집중 심화학습도 가능하게 되었다.

셋째 응용력을 길러주는 문형을 많이 제시하였다. 한 문형에 여러 단어를 넣어보는 연습을 반복하면 응용력이 향상되고 회화에 자신이 붙는다.

넷째 충분한 연습을 통해 반복 학습이 가능하다. 매과를 배우고 난 뒤 먼저 간단하게 확인하는 연습이 있고 다섯 과마다 종합적으로 연습하는 부분이 있어 원활한 복습이 이루어질 수 있다.

중국어를 배우면 한자 공부도 함께 이루어진다는 장점이 있다. 중국어의 문자가 한자로 되어 있기 때문이다. 오늘날 중국이 사용하는 문자는 우리와는 모양이 다른 간체자이지만 상당수는 모양이 비슷한 편이다. 우리말이 절반 이상이 한자로 되어 있는 건 잘 알고 있을 것이다. 끝으로 본 교재로 중국어를 공부하면서 부수적인 수확도 많이 거두어가길 바란다.

Contents

차 례

Contents

Contents

중국어 발음

- 한어병음(汉语拼音)

- 성모

- 운모

- 성조(声调)

한어병음(汉语拼音)

중국어 발음은 주로 성모(声母)와 운모(韵母), 성조(声调)로 구성되고, 이 세 가지를 통틀어 '한어병음'이라 부른다. '성모'는 음절 첫 부분의 자음을 가리키며, 나머지 부분을 '운모', 즉 모음을 가리킨다.

성모

중국어 성모는 모두 21개가 있다.

쌍순음 (双唇音)	b	p	m	
순치음 (唇齿音)	f			
설첨음 (舌尖音)	d	t	n	l
설근음 (舌根音)	g	k	h	
설면음 (舌面音)	j	q	x	
설치음 (舌齿音)	z	c	s	
권설음 (卷舌音)	zh	ch	sh	r

1. 쌍순음(双唇音)

두 입술을 다물었다가 떼면서 공기를 내보내며 내는 소리이다.

b 뿌어 [bo]	예 bāo(包)	báo(薄)	bǎo(饱)	bào(报)

p 포어 [po]	예 pō(坡)	pó(婆)	pǎo(跑)	pào(泡)

| m [mo] 모어 | 예 mō(摸) | mó(磨) | mǒ(抹) | mò(墨) |

2. 순치음(脣齒音)

윗니를 아랫입술에 가볍게 대었다가 떼면서 내는 소리이다. 영어의 [f] 발음과 같다.

| f [fo] 포어 | 예 fū(夫) | fú(扶) | fǔ(辅) | fù(父) |

3. 설첨음(舌尖音)

혀끝을 윗잇몸 안쪽에 붙였다가 떼면서 내는 소리이다.

| d [de] 뜨어 | 예 dā(搭) | dá(答) | dǎ(打) | dà(大) |

| t [te] 트어 | 예 tāo(掏) | táo(逃) | tǎo(讨) | tào(套) |

| n [ne] 느어 | 예 niān(拈) | nián(年) | niǎn(捻) | niàn(念) |

| l [le] 르어 | 예 liū(溜) | liú(留) | liǔ(柳) | liù(六) |

4. 설근음(舌根音)

혀뿌리로 목구멍을 막았다가 트면서 내는 소리이다.

g [ge] **끄어**	예 gē(哥)	gé(格)	gě(葛)	gè(个)
k [ke] **크어**	예 kē(科)	ké(咳)	kě(可)	kè(课)
h [he] **흐어**	예 huān(欢)	huán(环)	huǎn(缓)	huàn(换)

5. 설면음(舌面音)

혓바닥을 입천장에 붙이고 입을 양쪽으로 당기면서 내는 소리이다.

j [ji] **지이**	예 jī(机)	jí(级)	jǐ(几)	jì(纪)
q [qi] **치이**	예 qī(七)	qí(骑)	qǐ(起)	qì(气)
x [xi] **시이**	예 xī(西)	xí(席)	xǐ(洗)	xì(戏)

6. 설치음(舌齿音)

혀끝과 윗니의 뒷부분을 붙였다 떼면서 입은 양쪽으로 당기면서 내는 소리이다. 혀끝을 앞으로 쭉 편평하게 펼쳐 앞쪽으로 내는 소리이기 때문에 또 설첨전음(舌尖前音)이라고도 한다.

z [zi] **쯔**	예 zū(租)	zú(族)	zǒu(走)	zòu(奏)
c [ci] **츠**	예 cāi(猜)	cái(才)	cǎi(彩)	cài(菜)

s $\overset{\text{스}}{\scriptstyle[\text{si}]}$	예 suī(虽)	suí(随)	suǐ(髓)	suì(岁)

7. 권설음(卷舌音)

혀끝을 살짝 말아 올려 입천장에 닿을 듯 말듯 내는 소리다. 혀끝을 살짝 말아 올려 그 뒤에서 내는 소리이기 때문에 설첨후음(舌尖后音)이라고도 한다.

zh $\overset{\text{즈°}}{\scriptstyle[\text{zhi}]}$	예 zhāi(摘)	zhái(宅)	zhǎi(窄)	zhài(债)
ch $\overset{\text{츠°}}{\scriptstyle[\text{chi}]}$	예 chū(出)	chú(除)	chǔ(楚)	chù(处)
sh $\overset{\text{스°}}{\scriptstyle[\text{shi}]}$	예 shū(书)	shú(赎)	shǔ(属)	shù(树)
r $\overset{\text{르°}}{\scriptstyle[\text{ri}]}$	예 rāng(嚷)	ráng(瓤)	rǎng(攘)	ràng(让)

운모(韵母)

중국어 운모는 6개의 단운모, 4개의 복운모, 5개의 비음운모, 1개의 권설운모와 20개의 결합운모로 이루어져 총 36개가 있다.

단운모 (单韵母)	ɑ	o	e	i	u	ü
복운모 (复韵母)	ɑi	ei	ɑo	ou		
비음운모(鼻音韵母)	ɑn	en	ɑng	eng	ong	
권설운모(卷舌韵母)	er					

결합운모(结合韵母)	ia	ie	iao	iou (-iu)	ian	in	iang	ing	iong
	ua	uo	uai	uei (-ui)	uan	uen (-un)	uang	ueng	
	üe	üan	ün						

1. 단운모(单韵母)

하나의 모음으로 구성되는 운모.

a	입을 크게 벌리고 [애]처럼 발음한다.
	예 bā(八) bá(拔) bǎ(把) bà(爸)
o	입술을 동그랗게 하고 [외]와 [에]의 중간 발음을 한다.
	예 bō(拨) bó(伯) mǒ(抹) mò(墨)
e	입은 중간 정도 벌리고 자연스럽게 [으어] 소리로 발음한다.
	예 ē(婀) é(娥) ě(恶) è(饿)
i	입술을 옆으로 편평하게 하고 [이] 소리로 발음한다.
	예 dī(低) dí(敌) dǐ(底) dì(第)
u	입을 아주 작고 동글게 벌리고 [우] 소리로 발음한다.
	예 hū(呼) hú(湖) hǔ(虎) hù(户)
ü	입을 동그랗게 오므리다가 [위] 소리로 낼 때 [이] 소리가 나지 않게 발음한다.
	예 qū(区) qú(渠) qǔ(娶) qù(去)

2. 복운모(复韵母)

두 개의 모음으로 구성되는 운모.

ai	한국어 [아이]처럼 발음한다. 'i'는 짧고 약하게 발음한다.
	예 āi(哀) ái(捱) ǎi(矮) ài(爱)

ei	한국어 [에이]처럼 발음한다.
	예 fēi(飞)　　fēi(肥)　　fěi(匪)　　fèi(费)
ao	한국어 [아외처럼 발음한다. 'o'는 짧고 약하게 발음한다.
	예 tāo(掏)　　táo(逃)　　tǎo(讨)　　tào(套)
ou	한국어 [어위처럼 발음한다.
	예 zhōu(周)　　zhóu(轴)　　zhǒu(帚)　　zhòu(皱)

3. 비음운모(鼻音韵母)

비음이 들어가는 운모.

an	한국어 [앤처럼 발음한다. 'a'는 강하게, 'n'은 약하게 한다.
	예 hān(憨)　　hán(寒)　　hǎn(喊)　　hàn(汉)
en	'e'와 'n'를 합쳐서 내는 발음이다. 'e'는 강하게, 'n'은 약하게 [엔처럼 발음한다.
	예 ēn(恩)　　hén(痕)　　hěn(很)　　hèn(恨)
ang	한국어 [앵처럼 발음한다.
	예 yāng(央)　　yáng(羊)　　yǎng(养)　　yàng(样)
eng	한국어 [엉처럼 발음한다.
	예 pēng(烹)　　péng(朋)　　pěng(捧)　　pèng(碰)
ong	한국어 [옹처럼 발음한다.
	예 tōng(通)　　tóng(同)　　tǒng(桶)　　tòng(痛)

4. 권설운모(卷舌韵母)

혀를 동글게 말아 발음하는 운모.

er	혀끝을 말아 올려 한국어 [으얼]처럼 발음한다.
	예 ér(儿)　　　ěr(耳)　　　èr(二)

5. 결합운모(结合韵母)

주로 단모음 i, u, ü와 기본 운모가 결합하여 이루어진 운모.

①i와 결합하는 운모

ia	한국어 [이야]처럼 발음한다. 예 yā(鸭)　yá(牙)　yǎ(雅)　yà(亚)
ie	한국어 [이에]처럼 발음한다. 예 yē(椰)　yé(爷)　yě(也)　yè(夜)
iao	한국어 [이야오]처럼 발음한다. 예 yāo(腰)　yáo(摇)　yǎo(咬)　yào(药)
iou (-iu)	한국어 [이오우]처럼 발음한다. 예 yōu(优)　yóu(油)　yǒu(有)　yòu(又)
ian	한국어 [이엔]처럼 발음한다. 예 yān(烟)　yán(盐)　yǎn(眼)　yàn(宴)
in	한국어 [인]처럼 발음한다. 예 yīn(因)　yín(银)　yǐn(引)　yìn(印)
iang	한국어 [이앙]처럼 발음한다. 예 xiāng(香)　xiáng(祥)　xiǎng(想)　xiàng(向)
ing	한국어 [잉]처럼 발음한다. 예 yīng(英)　yíng(迎)　yǐng(影)　yìng(硬)
iong	한국어 [이융]처럼 발음한다. 예 yōng(雍)　yóng(喁)　yǒng(永)　yòng(用)

Tip

* 'i'로 시작되는 운모 앞에 자음이 오지 않는 경우, 'i'는 'y'로 써야 한다.
　다만 'i'나 'in', 'ing'이 단독 음절이 될 때는 그 앞에 'y'을 덧붙여야 한다.
* 'iou'가 앞의 자음과 합쳐지면 중간의 모음인 'o'를 생략하여 'iu'로 쓴다.

18

②u와 결합하는 운모

ua	한국말의 [우애]처럼 발음한다. 예 wā(挖)　　wá(娃)　　wǎ(瓦)　　wà(袜)
uo	한국말의 [우오]처럼 발음한다. 예 guō(锅)　　guó(国)　　guǒ(果)　　guò(过)
uai	한국말의 [우아이]처럼 발음한다. 예 shuāi(摔)　　　　shuǎi(甩)　　shuài(帅)
uei (-ui)	한국말의 [우에이]처럼 발음한다. 예 tuī(推)　　tuí(颓)　　tuǐ(腿)　　tuì(退)
uan	한국말의 [우안]처럼 발음한다. 예 wān(弯)　　wán(完)　　wǎn(晚)　　wàn(万)
uen (-un)	한국말의 [우언]처럼 발음한다. 예 wēn(温)　　wén(文)　　wěn(稳)　　wèn(问)
uang	한국말의 [우앙]처럼 발음한다. 예 wāng(汪)　　wáng(王)　　wǎng(往)　　wàng(望)
ueng	한국말의 [우엉]처럼 발음한다. 예 wēng(翁)　　　　　　　　wèng(瓮)

＊ 'u' 로 시작되는 운모 앞에 자음이 오지 않는 경우, 'u' 는 'w' 로 써야 한다.
　다만 'u' 가 단독 음절이 될 때는 그 앞에 'w' 을 덧붙여야 한다.
＊ 'uei' 가 앞의 자음과 합쳐지면 중간의 모음인 'e' 를 생략하여 'ui' 로 쓴다.
＊ 'uen' 가 앞의 자음과 합쳐지면 중간의 모음인 'e' 를 생략하여 'un' 로 쓴다.

③ü와 결합하는 운모

üe	한국말의 [위에]처럼 발음한다. 예 xuē(靴)　　xué(学)　　xuě(雪)　　xuè(穴)

üan	한국말의 [위엔]처럼 발음한다.
	quān(圈)　　quán(全)　　quǎn(犬)　　　quàn(劝)
ün	한국말의 [윈]처럼 발음한다.
	yūn(晕)　　yún(云)　　yǔn(允)　　　yùn(运)

Tip

＊ 'ü' 로 시작하는 음절이 될 때나 단독으로 음절을 이루는 경우 'ü' 를 'yu' 로 표기한다.
　　예를 들어 'üe' 를 'yue' 로, 'ü' 를 'yu' 로 표기한다.
　　다만 성모 'j', 'q', 'x' 는 'ü' 앞에 있을 경우 'ü' 를 'u' 로 써야 한다. 예를 들어 'jüan' 을 'juan'
　　으로 표기한다.
※ 이상의 중국어 발음을 한국어 발음으로 표기하는 것은 단지 중국어와 비슷하게 내는 소리일 뿐이다.

성조(声调)

　　중국어는 글자마다 자신의 음절을 가지고 있고 또 성조(声调)를 가지고 있다. 성조는 음의 강약(强弱)과 무관하고 음의 고저장단(高低长短)과 관계가 있다.

　　중국어 발음에는 기본적으로 네 가지 성조가 있다. 이것을 사성(四声)이라고 부른다. 같은 음절을 가지고도 성조가 다르면 의미와 한자가 달라질 수 있다.

　　예를 들어 같은 음절 "ma" 의 제1성은 어머니를 뜻하는 mā(妈)이고, 제2성은 대마를 뜻하는 má(麻)이며, 제3성은 말을 뜻하는 mǎ(马)이며, 제4성은 욕하다, 꾸짖다를 뜻하는 mà(骂)이다. 그러므로 중국어에서는 성조에 따라 뜻이 달라진다.

　　성조와 성조 부호의 구별 표시는 다음 그림과 같다.

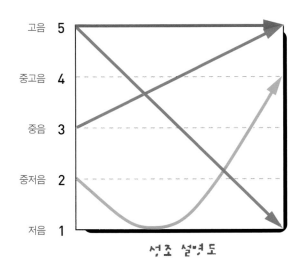

성조 설명도

⭐ 성조 부호

一 제1성 高平调(5→5) : 가장 높고 길게 늘여주며 발음하면 된다.

冬天(dōngtiān)
겨울

中国(Zhōngguó)
중국

风采(fēngcǎi)
풍채

╱ 제2성 高升调(3→5) : 중간 음에서 높은 음으로 위로 끌어올리면서 발음하면 된다.

邮局(yóujú)
우체국

游泳(yóuyǒng)
수영하다

学校(xuéxiào)
학교

∨ 제3성 低降升调(2→1→4) : 낮게 아래로 많이 내려주었다가 살짝 올려 발음하면 된다.

你好(Nǐihǎo)
안녕

老师(lǎoshī)
선생님

眼泪(yǎnlèi)
눈물

╲ 제4성 高降调(5→1) : 위에서 아래로 짧게 내리 꽂듯이 발음하면 된다.

路(lù)
길

大学(dàxué)
대학

再见(Zàijiàn)
잘가

인사

你好!	안녕하세요.
认识你很高兴。	만나서 반갑습니다.
你好吗？	잘 지내세요?
对不起!	미안합니다.
谢谢!	감사합니다.

01 你好!
안녕하세요! / 안녕!

DIALOGUE

A 你好!
니 하오
nǐ hǎo

B 你好!
니 하오
nǐ hǎo

A 我叫金俊浩。
워 찌아오 찐 쥔 하오
wǒ jiào Jīn jùn hào

B 我叫陈红梅。
워 찌아오 천 홍 메이
wǒ jiào Chén hóng méi

새 단어와 어구풀이

- 你好 nǐ hǎo 안녕하세요, 안녕.
- 我 wǒ 나
- 叫 jiào ~라고 불리다, ~라고 부르다

24

A 안녕하세요.

B 안녕하세요.

A 저는 김준호라고 합니다.

B 저는 진홍매라고 합니다.

 문형 익히고 중국어를 쉽게!

단어 노트

- **你们** nǐ men
  너희들, 당신들
- **爷爷** yé ye
  할아버지
- **大家** dà jiā
  모두
- **叔叔** shū shu
  작은아버지
  아저씨
- **姑姑** gū gu
  고모
- **老师** lǎo shī
  선생님
- **早** zǎo
  아침, 안녕하세요
  (아침 인사말)

你们 nǐ men	好! hǎo	여러분, 안녕하세요.
爷爷 yé ye		할아버지, 안녕하세요.
大家 dà jiā		여러분, 안녕하세요.

叔叔 shū shu	早! zǎo	작은 아버지, 안녕하세요.
姑姑 gū gu		고모님, 안녕하세요.
老师 lǎo shī		선생님, 안녕하세요.

1 인칭대명사

	단수	복수
1인칭	我 wǒ 　나, 저	我们 wǒ men 　우리들
2인칭	你 nǐ (您 nín) 너, 당신	你们 nǐ men 　너희들, 당신들
3인칭	他 tā 　그	他们 tā men 　그들
	她 tā 　그녀	她们 tā men 　그녀들
	它 tā 　그것	它们 tā men 　그것들

2 이름 말하기

◉ 我叫~
wǒ jiào
워　찌아오

제 이름은~입니다, 저는~입니다.

我叫张曼玉。
wǒ jiào Zhāng màn yù
워　찌아오　장　만　위

제 이름은 장만위입니다.

我是张曼玉。
wǒ shì Zhāng màn yù
워　스　장　만　위

저는 장만위입니다.

我姓张, 名字叫曼玉。
wǒ xìng Zhāng míng zi jiào màn yù
위　싱　장　밍　쯔　찌아오　만　위

제 성은 장이고 이름은 만위입니다.

1 큰 소리로 읽고 중국어를 써보세요.

(1) nǐ hǎo

→ _____

(2) wǒ jiǎo Jīn jùn hào

→ _____

2 단어의 뜻을 쓰시오.

(1) 你 好
nǐ hǎo

→ _____

(2) 我
wǒ

→ _____

(3) 叫
jiào

→ _____

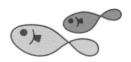

---

1. (1) 你好。　　(2) 我叫金俊浩。

2. (1) 안녕, 안녕하세요.　　(2) 나　　(3) ～라고 부르다, ～라고 불리다

02 认识你很高兴。
만나서 반갑습니다.

DIALOGUE

런 스 니 헌 까오 싱
A 认识你很高兴。
rèn shi nǐ hěn gāo xìng

런 스 니 워 예 헌 까오 싱
B 认识你我也很高兴。
rèn shi nǐ wǒ yě hěn gāo xìng

니 스 나 구어 런
A 你是哪国人？
nǐ shì nǎ guó rén

워 스 한 구어 런
B 我是韩国人。
wǒ shì Hán guó rén

새 단어와 어구풀이

- 你 nǐ 너, 당신
- 很 hěn 매우
- 高兴 gāo xìng 기쁘다, 즐겁다
- 哪 nǎ 어느, 어떤

- 认识 rèn shi 알다, 인식하다
- 也 yě ~도, (그리고)또, 역시
- 是 shì ~ 이다

A 만나서 반갑습니다.

B 저도 만나서 반갑습니다.

A 당신은 어느 나라 사람입니까?

B 저는 한국 사람입니다.

 문형 익히고 중국어를 쉽게!

단어 노트

- **身体** shēn tǐ
  몸, 신체
- **工作** gōng zuò
  일
- **忙** máng
  바쁘다
- **个子** gè zi
  키
- **高** gāo
  높다, 크다
- **累** lèi
  피곤하다, 힘들다
- **汉语** Hàn yǔ
  중국어
- **难** nán
  어렵다

你 nǐ	身体 shēn tǐ	好 hǎo	吗? ma	당신 몸은 건강하십니까?
	工作 gōng zuò	忙 máng		당신은 일이 바쁩니까?
	个子 gè zi	高 gāo		당신은 키가 큽니까?

你 nǐ	工作 gōng zuò	累不累? lèi bu lèi	당신은 일이 힘드십니까?
	身体 shēn tǐ	好不好? hǎo bu hǎo	당신은 몸이 건강합니까?
	个子 gè zi	高不高? gāo bu gāo	당신은 키가 큽니까?
	汉语 Hàn yǔ	难不难? nán bu nán	당신은 중국어가 어렵습니까?

1 '是' 자문

◉ '是'가 술어인 문장을 '是' 자문이라 한다. 일반적인 판단문은 주어 뒤에 '是'를 쓴다.

> 긍정문   주어 + 是 + 빈어(목적어)

> 예 这是书。   이것은 책이에요.
> zhè shì shū

> 부정문   주어 + 不是 + 빈어(목적어)

> 예 这不是书。   이것은 책이 아니에요.
> zhè bú shì shū

> 의문문   주어 + 是(不是)+ 빈어(목적어) + 吗

> 예 这是书吗？   이것은 책이에요?
> zhè shì shū ma

> 긍정 부정의문문   주어 + 是不是 + 빈어(목적어)
>   주어 + 是 + 빈어(목적어) + 不是

> 예 这是不是书？   이것은 책이 아니에요?
> zhè shì bu shì shū

> 这是书不是？   이것은 책이 아니에요?
> zhè shì shū bú shì

◉ '不'의 고유 성조는 제4성이다. '不' 뒤에 제1성, 제2성이나 제3성이 오는 경우는 제4성으로 발음해야 한다. '不'의 뒤에 제 4성이 올 경우에는 제 2성으로 발음한다.

不(bù) + 제1성 → 不(bù)	예	bù gāo	(不高)	높지 않다
제2성		bù cháng	(不长)	길지 않다
제3성		bù lěng	(不冷)	춥지 않다
不(bù) + 제4성 → 不(bú)		bú kuài	(不快)	빠르지 않다

1 대화를 완성하시오.

A 认 识 你 很 高 兴 。
  rèn shi nǐ hěn gāo xìng

B _____

A 你 是 哪 国 人 ？
  nǐ shì nǎ guó rén

B _____

2 단어의 뜻을 쓰시오.

(1) 认识 _____
    rèn shi

(2) 很 _____
    hěn

(3) 也 _____
    yě

(4) 高兴 _____
    gāo xìng

(5) 哪 _____
    nǎ

(6) 是 _____
    shì

---

1. B 认识你我也很高兴。　B 我是韩国人。

2. (1) 알다, 인식하다　　(2) 매우　　　　(3) ～도, 역시
　　 (4) 기쁘다, 즐겁다　(5) 어느, 어떤　(6) ～이다

03 | 你好吗？
잘 지내세요?

DIALOGUE

A 金先生，你好吗？
  찐 시엔 성　　니 하오 마
  Jīn xiān sheng　nǐ hǎo ma

B 很好，你好吗？
  헌 하오　　니 하오 마
  hěn hǎo　　nǐ hǎo ma

A 我也很好。再见！
  워 예 헌 하오　　짜이 찌엔
  wǒ yě hěn hǎo　zài jiàn

B 再见！
  짜이 찌엔
  zài jiàn

새 단어와 어구풀이

- 先生 xiān sheng 선생, ~씨
- 你好吗？ nǐ hǎo ma 잘 지내세요?, 안녕하십니까?
- 再见 zài jiàn 또 뵙겠습니다, 안녕히 가십시오(계십시오)
- 好 hǎo 좋다, 훌륭하다
- 吗 ma ~까?

32

A 김 선생님, 잘 지내시죠?

B 잘 지냅니다. 어떻게 지내십니까?

A 저도 잘 지냅니다. 다음에 또 뵙죠.

B 안녕히 가세요.

 문형 익히고 중국어를 쉽게!

단어 노트

- 词典 cí diǎn
  사전
- 报 bào
  신문
- 杂志 zá zhì
  잡지
- 他 tā
  그
- 谁 shéi
  누구
- 外公 wài gōng
  외할아버지
- 伯父 bó fù
  큰아버지

A 这是什么？
　 zhè shì shén me

이것은 무엇입니까?

B 这是　汉语词典。
　 zhè shì　Hàn yǔ cí diǎn

이것은 중국어 사전입니다.

报。
bào

이것은 신문입니다.

杂志。
zá zhì

이것은 잡지입니다.

A 他是谁？
　 tā shì shéi

저분은 누구십니까?

B 他是我　外公。
　 tā shì wǒ　wài gōng

저분은 나의 외할아버지입니다.

伯父。
bó fù

저분은 나의 큰아버지입니다.

叔叔。
shū shu

저분은 나의 숙부입니다.

1 호칭

⦿ **先生**   남자에게 붙여 부르는 호칭
xiān sheng

예 **李先生**   이 선생, 미스터 리
Lǐ xiān sheng

小姐   아가씨, ~양, 미스
xiǎo jiě

예 **王小姐**   왕 양, 미스 왕
Wáng xiǎo jiě

2 의문조사 '吗'

⦿ '吗' 는 문장 끝에 쓰여 의문을 나타내는 의문조사이다.

예 **你累吗?**   당신은 피곤합니까?
nǐ lèi ma

你好吗?   잘 지내십니까?
nǐ hǎo ma

상대방은 我很好, 또는 很好라고 답할 수 있다.
　　　　　wǒ hěn hǎo　　　hěn hǎo

1 대화를 완성하시오.

A _____

B 很好! 你好吗?
　 hěn hǎo　nǐ hǎo ma

A _____

B 再见。
　 zài jiàn

2 단어의 뜻을 쓰시오.

(1) 再见　　_____
　　 zài jiàn

(2) 你好吗?　　_____
　　 nǐ hǎo ma

(3) 很好　　_____
　　 hěn hǎo

---

1. A 金先生, 你好吗?　A 我也很好。再见!

2. (1) 다음에 또 뵙죠, 안녕히 가세요
　　(2) 잘 지내시죠?　　(3) 잘 지냅니다

04 | 对不起!

미안합니다.

DIALOGUE

A 对不起! 我来晚了。
뚜이 부 치 워 라이 완 러
duì bu qǐ wǒ lái wǎn le

B 哪里, 没关系。
나 리 메이 꾸안 시
nǎ li méi guān xi

A 堵车堵得很厉害。
두 처 두 더 헌 리 하이
dǔ chē dǔ de hěn lì hai

B 我也是刚到。
워 예 스 깡 따오
wǒ yě shì gāng dào

새 단어와 어구풀이

- 对不起 duì bu qǐ 미안합니다
- 来 lái 오다
- 了 le 동사의 뒤에 쓰여 동작의 완성을 나타내는 동태조사
- 哪里 nǎ li 아닙니다, 천만에, 별말씀을
- 没关系 méi guān xi 관계가 없다, 괜찮다
- 厉害 lì hài 대단하다, 심하다

- 到 dào 도착하다
- 晚 wǎn 늦다

- 堵车 dǔ chē 길이 막히다
- 刚 gāng 막, 지금, 바로

36

A 늦어서 죄송합니다.

B 아니오, 괜찮습니다.

A 길이 너무 막혀서요.

B 저도 지금 막 도착했는걸요.

 문형 익히고 중국어를 쉽게!

단어 노트

• **谢谢** xiè xie
  감사하다
• **客气** kè qi
  사양하다
• **不用** bú yòng
  ~할 필요가 없다

A 谢 谢。
  xiè xie
  감사합니다.

B 不客气。
  bú kè qi
  천만에요.

  不用谢。
  bú yòng xiè
  천만에요.

  哪里哪里。
  nǎ li nǎ li
  천만에요.

你 **好** 吗?
nǐ **hǎo** ma
안녕하십니까?

忙
máng
당신은 바쁩니까?

累
lèi
당신은 피곤합니까?

1 정도보어

◉ 동사의 동작이나 사물의 성질에 대한 어느 정도의 평가를 나타내는 보어를 '정도보어'
라고 한다. 이러한 문장에서 동작은 일상적인 것이나 혹은 이미 발생한 것이다. 동사와
정도보어 사이에 구조조사 '得'를 넣어 연결시킨다.

> 긍정문 주어 + 동사 + 得 + 보어(형용사)

例 **她唱得很好。**　　　그녀는 노래를 잘 불러요.
tā chàng de hěn hǎo

> 부정문 주어 + 동사 + 得 + 不 + 보어

例 **她唱得不好。**　　　그녀는 노래를 잘 못 불러요.
tā chàng de bù hǎo

> 의문문 주어 + 동사 + 得 + 怎么样
> 　　　　주어 + 동사 + 得 + 보어 + 吗
> 　　　　주어 + 동사 + 得 + 보어 + 不 + 보어

例 **她唱得怎么样？**　　그녀는 (노래)부르는 게 어때요?
tā chàng de zěn me yàng

她唱得好吗？　　　그녀는 노래를 잘 부릅니까?
tā chàng de hǎo ma

她唱得好不好？　　그녀는 노래를 잘 부르나요, 못 부르나요?
tā chàng de hǎo bu hǎo

정도보어는 형용사 및 형용사구로 이루어진다.

① 대화를 완성하시오.

A _____

B 哪里，没关系。
   nǎ li   méi guān xi

A _____

B 我也是刚到。
   wǒ yě shì gāng dào

② 단어의 뜻을 쓰시오.

(1) 对不起 _____
    duì bu qǐ

(2) 到 _____
    dào

(3) 来 _____
    lái

(4) 晚 _____
    wǎn

(5) 了 _____
    le

(6) 哪里 _____
    nǎ li

(7) 没关系 _____
    méi guān xi

(8) 堵车 _____
    dǔ chē

(9) 厉害 _____
    lì hai

(10) 刚 _____
    gāng

---

1. A 对不起，我来晚了。   A 堵车堵得很厉害。
2. (1)미안합니다   (2)도착하다   (3)오다   (4)늦다
   (5)동작의 완료를 나타내는 동태조사   (6)천만에, 아닙니다   (7)괜찮다
   (8)길이 막히다   (9)심하다, 대단하다   (10)막, 지금

05 | 谢谢!
감사합니다.

DIALOGUE

A
^{찐 티엔 완 상 니 여우 쿵 마}
今天晚上你有空吗？
jīn tiān wǎn shang nǐ yǒu kòng ma

B
^{여우 쿵}
有空。
yǒu kòng

A
^{칭 따오 워 지아 왈 바}
请到我家玩儿吧。
qǐng dào wǒ jiā wánr ba

B
^{하오 씨에 씨에}
好。谢谢!
hǎo xiè xie

─── 새 단어와 어구풀이 ───

· 今天 jīn tiān 오늘

· 有 yǒu 있다

· 有空 yǒu kòng 틈(짬, 겨를)이 있다

· 到 dào ~에, ~로

· 谢谢 xiè xie 감사합니다

· 吧 ba 문장 끝에 쓰여 명령, 청구, 재촉, 건의의 의미를 나타낸다.

· 晚上 wǎn shang 저녁

· 空 kòng (시간, 장소 등을)비우다, 내다

· 请 qǐng ~하십시오, ~하시지요(경의나 간청)

· 玩 wán 놀다, 장난하다

A 오늘 저녁에 시간 있어요?

B 네, 괜찮습니다.

A 우리 집에 놀러오세요.

B 네, 그러죠. 감사합니다.

 문형 익히고 중국어를 쉽게!

단어 노트

- **足球** zú qiú
  축구공
- **篮球** lán qiú
  농구공
- **机器人** jī qì rén
  로봇
- **警察** jǐng chá
  경찰
- **医生** yī shēng
  의사
- **护士** hù shi
  간호사

A 你喜欢什么？
ní xǐ huan shén me
당신은 무엇을 좋아해요?

B 我喜欢 足球。
wǒ xǐ huan zú qiú
나는 축구공을 좋아해요.

篮球。
lán qiú
나는 농구공을 좋아해요.

机器人。
jī qì rén
나는 로봇을 좋아해요.

A 你爸爸做什么工作？
ní bà ba zuò shén me gōng zuò
당신의 아버지는 무슨 일을 하십니까?

B 他是 警察。
tā shì   jǐng chá
그는 경찰입니다.

医生。
yī shēng
그는 의사입니다.

护士。
hù shi
그는 간호사입니다.

1 정중한 표현

◉ 정중하게 표현하고자 할 때 请(칭)을 사용. 请(칭)만 사용 가능하며 문장에서처럼 请(칭) ~吧(바)의 형식으로도 사용할 수 있다.

    칭 따오 워 지아 왈 바
- **请到我家玩儿吧。**   우리집에 놀러 오세요.
    qǐng dào wǒ jiā wánr ba

    칭 융 차
- **请用茶。**   차 드세요.
    qǐng yòng chá

    칭 쭈어
- **请坐。**   앉으세요.
    qǐng zuò

    칭 수어 바
- **请说吧。**   말씀하세요.
    qǐng shuō ba

2 谢谢。

◉ 상대방은 不客气라고 응대할 수 있다.

    씨에 씨에 니
A **谢谢你!**   감사합니다.
    xiè xie nǐ

    부 커 치
B **不客气。**   아닙니다, 고맙긴요.
    bú kè qi

1 대화를 완성하시오.

A 今天晚上你有空吗？
jīn tiān wǎn shang nǐ yǒu kòng ma

B _____

A 请到我家玩儿吧。
qǐng dào wǒ jiā wánr ba

B _____

2 다음 단어의 뜻을 쓰시오.

(1) 今天 _____
jīn tiān

(2) 晚上 _____
wǎn shang

(3) 有 _____
yǒu

(4) 空 _____
kòng

(5) 有空 _____
yǒu kòng

(6) 请 _____
qǐng

(7) 到 _____
dào

(8) 玩 _____
wán

(9) 谢谢 _____
xiè xie

(10) 吧 _____
ba

---

1. B 有空。　　B 好，谢谢。

2. (1)오늘　　　(2)저녁　　　(3)있다　　　(4)비우다, 내다
　　(5)틈이 있다　　(6)～하십시오, ～하시지요　　(7)에, ～로　　(8)놀다
　　(9)감사합니다　　(10)문장 끝에 쓰여 명령, 청구, 재촉의 의미를 나타내는 어기조사

다시한번 체크체크

1 중국어로 번역하시오.

(1) 안녕하세요.

    →_____

(2) 만나서 반갑습니다.

    →_____

(3) 잘 지내세요?

    →_____

(4) 미안합니다.

    →_____

(5) 감사합니다.

    →_____

2 한국어 뜻을 쓰시오.

(1) 你是哪国人？
   nǐ shì nǎ guó rén

    →_____

(2) 再见！
   zài jiàn

    →_____

(3) 对不起！我来晚了。
   duì bu qǐ   wǒ lái wǎn le

    →_____

(4) 今天晚上你有空吗？
   jīn tiān wǎn shang nǐ yǒu kòng ma

    →_____

3 한국어는 중국어로, 중국어는 한국어로 옮기시오.

(1) 저녁 _____

(2) 매우 _____

(3) ~라고 부르다 _____

(4) 어느 _____

(5) 알다 _____

(6) 기쁘다 _____

(7) 你好 _____
   nǐ hǎo

(8) 是 _____
   shì

(9) 我也很好 _____
   wǒ yě hěn hǎo

(10) 刚 _____
    gāng

(11) 谢谢 _____
    xiè xie

(12) 晚 _____
    wǎn

(13) 玩儿 _____
    wánr

(14) 有空 _____
    yǒu kòng

(15) 今天 _____
    jīn tiān

해 답 ··

1. (1) 你好。　　(2) 认识你很高兴。　　(3) 你好吗？

(4) 对不起。　(5) 谢谢。

2. (1) 당신은 어느 나라 사람입니까?　(2) 안녕히 계세요.(가세요)

(3) 늦어서 죄송합니다.　　(4) 오늘 저녁에 시간 있으세요?

3. (1) 晚上　(2) 很　(3) 叫　(4) 哪　(5) 认识　(6) 高兴

(7) 안녕하세요　(8) ~이다　(9) 저도 잘 지냅니다　(10) 막, 금방　(11) 감사합니다

(12) 저녁, 늦다　(13) 놀다　(14) 시간이 있다　(15) 오늘

요일·월

◉ 요일

월요일	화요일	수요일	목요일
星期一 xīng qī yī	星期二 xīng qī èr	星期三 xīng qī sān	星期四 xīng qī sì

금요일	토요일	일요일	
星期五 xīng qī wǔ	星期六 xīng qī liù	星期天 xīng qī tiān	/ 星期日 xīng qī rì

＊숫자 '一 ~ 六' 또는 '天(日) 앞에는 '星期' 또는 '礼拜 lǐ bài'를 붙인다.

◉ 월

1월	2월	3월	4월
一月 yī yuè	二月 èr yuè	三月 sān yuè	四月 sì yuè
5월	6월	7월	8월
五月 wǔ yuè	六月 liù yuè	七月 qī yuè	八月 bā yuè
9월	10월	11월	12월
九月 jiǔ yuè	十月 shí yuè	十一月 shí yī yuè	十二月 shí èr yuè

＊'월'을 읽을 때에는 숫자(一 ~ 十二)를 읽은 후에 '月'을 읽는다.

축하

祝你生日快乐!   생일 축하해!

恭喜你升级。   승진을 축하해!

恭喜你结婚纪念日! 결혼 기념일을 축하해!

恭喜你毕业!   졸업을 축하드립니다.

恭喜你考上!   합격을 축하드립니다.

06 祝你生日快乐!

생일 축하해!

DIALOGUE

A 祝你生日快乐!
　　주 니 성 르 콰이 러
　　zhù nǐ shēng rì kuài lè

B 不是今天, 我的生日是7月9号。
　　부 스 찐 티엔　　워 더 성 르 스 치 위에 지우 하오
　　bú shì jīn tiān　　wǒ de shēng rì shì qī yuè jiǔ hào

A 是吗? 已经过去了吗? 真对不起。
　　스 마　　이 징 꾸어 취 러 마　　전 뚜이 부 치
　　shì ma　　yǐ jīng guò qù le ma　　zhēn duì bu qǐ

B 没关系。 谢谢!
　　메이 꾸안 시　　씨에 씨에
　　méi guān xi　　xiè xie

새 단어와 어구풀이

- 祝 zhù 축하하다, 축복하다
- 是吗 shì ma 그렇습니까?
- 已经 yǐ jīng 이미, 벌써
- 了 le 동사 뒤에 쓰여 동작의 완성을 나타내는 동태조사
- 生日 shēng rì 생일
- 真 zhēn 정말로, 참으로
- 过去 guò qù 지나가다

A 생일 축하해!

B 오늘이 아니야. 내 생일은 7월 9일이었어.

A 그래? 벌써 지났어? 정말 미안해.

B 괜찮아. 고마워.

 문형 익히고 중국어를 쉽게!

단어 노트

- 手提包
  shǒu tí bāo
  핸드백
- 钱包 qián bāo
  지갑
- 书包 shū bāo
  책가방
- 笔 bǐ 펜
- 钱 qián 돈
- 朋友 péng you
  친구

A 这是不是你的
 zhè shì bu shì nǐ de

手提包？	이것은 당신의 핸드백입니까?
shǒu tí bāo	
钱包？	이것은 당신의 지갑입니까?
qián bāo	
书包？	이것은 당신의 책가방입니까?
shū bāo	

B 是的。 네.
 shì de

你有没有
 nǐ yǒu méi yǒu

书？	당신은 책이 있습니까?
shū	
钱？	당신은 돈이 있습니까?
qián	
笔？	당신은 펜이 있습니까?
bǐ	
朋友？	당신은 친구가 있습니까?
péng you	

49

1 구조조사 '的'

◉ 명사나 인칭대명사의 한정어로 쓰인다. 소유나 소속 관계를 나타낼 때는 뒤에 구조조사 '的' 을 써야 한다.

> 예 **他的书**   그의 책
> tā de shū
>
> **张老师的学生**   장 선생님의 학생
> Zhāng lǎo shī de xué sheng

◉ 인칭대명사의 한정어로 쓰이고 친족관계, 인간관계나 소속 기관 등을 나타낼 때는 '的' 을 생략할 수 있다.

> 예 **我爸爸**   나의 아빠
> wǒ bà ba
>
> **我们学校**   우리의 학교   **我朋友**   내 친구
> wǒ men xué xiào   wǒ péng you

2 어기조사 '了' (1) - 동작의 완료

◉ 어기조사 '了' 는 주로 문장 끝에 쓰이며 동작의 완료를 나타낸다.

> 예 **已经过去了。**   이미 지나갔다.
> yǐ jīng guò qù le

1 대화를 완성하시오.

A 祝你生日快乐!
zhù nǐ shēng rì kuài lè

B _____

A 是吗? 已经过去了吗? 真对不起。
shì ma   yǐ jīng guò qù le ma   zhēn duì bu qǐ

B _____

2 단어의 뜻을 쓰시오.

(1) 祝   _____
zhù

(2) 生日   _____
shēng rì

(3) 是吗   _____
shì ma

(4) 真   _____
zhēn

(5) 已经   _____
yǐ jīng

(6) 过去   _____
guò qù

---

1. B 不是今天，我的生日是7月9号。　　B 没关系，谢谢。

2. (1)축하하다　　　(2)생일　　　(3)그렇습니까?
　　(4)정말로　　　(5)이미　　　(6)지나가다

恭喜你升级。

승진을 축하해!

DIALOGUE

A 恭喜你升级。
_{꿍 시 니 성 지}
gōng xǐ nǐ shēng jí

B 谢谢!
_{씨에 씨에}
xiè xie

A 我们去喝酒吧。
_{워 먼 취 허 지우 바}
wǒ men qù hē jiǔ ba

B 好啊!
_{하오 아}
hǎo a

새 단어와 어구풀이

- 恭喜 gōng xǐ 축하하다
- 我们 wǒ men 우리
- 喝 hē 마시다
- 好 hǎo 좋다

- 升级 shēng jí 승진하다
- 去 qù 가다
- 酒 jiǔ 술
- 啊 a 문미에 쓰여 어감을 부드럽게 한다

해 석

A 승진을 축하해!

B 고마워.

A 한 잔 하러 가자.

B 좋지.

문형 익히고 중국어를 쉽게!

 단어 노트

• 宿舍 sù shè
  기숙사

• 电影院
  diàn yǐng yuàn
  영화관

A 你去哪儿?
  nǐ qù nǎr

당신은 어디에 가요?

B 我去 书店。
  wǒ qù shū diàn

나는 서점에 가요.

학校。
xué xiào

나는 학교에 가요.

宿舍。
sù shè

나는 기숙사에 가요.

电影院。
diàn yǐng yuàn

나는 영화관에 가요.

你去 书店 做什么?
nǐ qù shū diàn zuò shén me

당신은 서점에 무엇을 하러 가요?

学校
xué xiào

당신은 학교에 무엇을 하러 가요?

宿舍
sù shè

당신은 기숙사에 무엇을 하러 가요?

1 어기조사 '吧'

◉ 문장의 끝에 쓰여 명령, 청구, 재촉, 건의의 어기를 나타낸다. 어미조사로 '~해라', '~하자' 라는 뜻으로 쓰이지만 추측의 의문조사로 쓰일 때에는 '~지요?' 라는 뜻이 된다.

예 **我们吃吧!**　　　　　우리 먹자!
wǒ men chī ba

　　说吧!　　　　　　말해라.
shuō ba

　　你是医生吧?　　　　당신은 의사지요?
nǐ shì yī shēng ba

2 성조 부호 표기법

• 한 음절에 한 개의 모음만 있을 경우, 성조 부호는 그 모음 위에 표기한다.

• 한 음절에 두 개 혹은 두 개 이상의 모음이 있을 경우, 성조 부호는 주요 운모 즉 a, o, e, i, u, ü 순서 위에 표기한다.
예 'hǎo(好)', 'zhōu wéi(周围)', 'huàn qián(换钱)'

• 모음 'i' 위에 성조 부호가 있을 경우, 'i' 위의 점을 없애고 lǐ(李)라 표기한다.

• 'i' 와 'u' 가 함께 쓰였을 경우, 'jiǔ(九)', 'huì(会)'는 무조건 뒤에 놓이는 자모 위에 성조 표기를 한다.

54

확인하고 넘어가요

1 대화를 완성하시오.

A 恭喜你升级。
gōng xǐ nǐ shēng jí

B _____

A 我们去喝酒吧。
wǒ men qù hē jiǔ ba

B _____

2 단어의 뜻을 쓰시오.

(1) 恭喜 _____
gōng xǐ

(2) 升级 _____
shēng jí

(3) 去 _____
qù

(4) 喝 _____
hē

(5) 好 _____
hǎo

(6) 啊 _____
a

(7) 酒 _____
jiǔ

(8) 我们 _____
wǒ men

---

1. B 谢谢。　　B 好啊。

2. (1)축하하다　　(2)승진하다　　(3)가다
(4)마시다　　(5)좋다　　(6)문미에 쓰여 어감을 부드럽게 한다
(7)술　　(8)우리

08 | 恭喜你结婚纪念日!
결혼 기념일을 축하해!

DIALOGUE

꿍 시 니 지에 훈 지 니엔 르
A 恭喜你结婚纪念日!
gōng xǐ nǐ jié hūn jì niàn rì

씨에 씨에
B 谢谢!
xiè xie

찐 티엔 완 상 니 여우 션 머 다 쑤안 마
A 今天晚上你有什么打算吗?
jīn tiān wǎn shang nǐ yǒu shén me dǎ suàn ma

워 다 쑤안 껀 워 치 즈 이 치 취 칸 인 위에 시 쥐
B 我打算跟我妻子一起去看音乐喜剧。
wǒ dǎ suàn gēn wǒ qī zi yì qǐ qù kàn yīn yuè xǐ jù

> **새 단어와 어구풀이**

- 结婚 jié hūn 결혼
- 什么 shén me 무슨, 무엇
- 妻子 qī zi 부인
- 音乐喜剧 yīn yuè xǐ jù 뮤지컬

- 纪念日 jì niàn rì 기념일
- 打算 dǎ suàn 할 작정이다, 계획이다
- 看 kàn 보다
- 跟～一起 gēn yì qǐ ～와 함께(같이)

56

A 결혼 기념일을 축하해!

B 고마워.

A 오늘 저녁에 무슨 계획이 있니?

B 아내와 뮤지컬을 보러 가기로 했어.

 문형 익히고 중국어를 쉽게!

단어 노트

• 几 jǐ 몇

今天是星期几？ jīn tiān shì xīng qī jǐ		오늘은 무슨 요일이니?
今天是 jīn tiān shì	星期一。 xīng qī yī	오늘은 월요일이야.
	星期二。 xīng qī èr	오늘은 화요일이야.
	星期三。 xīng qī sān	오늘은 수요일이야.
	星期四。 xīng qī sì	오늘은 목요일이야.
	星期五。 xīng qī wǔ	오늘은 금요일이야.
	星期六。 xīng qī liù	오늘은 토요일이야.
	星期日。 xīng qī rì	오늘은 일요일이야.

1 의문조사 '吗'

◉ '吗'는 문장 끝에 붙어 의문을 나타내는 의문조사이다. 그러나 의문대명사가 있는 문장에서는 사용할 수 없다.

예 **这是什么？**(O)　　　　　이것은 무엇입니까?
zhè shì shén me

这是什么吗？(X)
zhè shì shén me ma

* 의문대명사의 종류

- 什么 무슨　　• 哪 어느　　• 怎么 어떻게　　• 谁 누구
  shén me　　　　nǎ　　　　　zěn me　　　　　　shéi

2 sh(권설음), s(설치음)의 발음

◉ sh(스)는 혀를 말아서 내는 소리이고, s(쓰)는 혀 끝을 앞으로 쭉 내밀며 발음하는 소리이다.

예 shen (션)　　shi (스)　　shuo (수어)

sen (썬)　　si (쓰)　　sou (써우)

58

1 대화를 완성하시오.

A 恭喜你结婚纪念日!
　gōng xǐ nǐ jié hūn jì niàn rì

B ＿＿＿＿＿＿＿＿＿＿＿

A 今天晚上你有什么打算吗？
　jīn tiān wǎn shang nǐ yǒu shén me dǎ suàn ma

B ＿＿＿＿＿＿＿＿＿＿＿

2 단어의 뜻을 쓰시오.

(1) 结婚　　　＿＿＿＿＿＿＿＿
　　jié hūn

(2) 纪念日　　＿＿＿＿＿＿＿＿
　　jì niàn rì

(3) 什么　　　＿＿＿＿＿＿＿＿
　　shén me

(4) 打算　　　＿＿＿＿＿＿＿＿
　　dǎ suàn

(5) 跟～一起　＿＿＿＿＿＿＿＿
　　gēn　 yì qǐ

(6) 妻子　　　＿＿＿＿＿＿＿＿
　　qī zi

(7) 看　　　　＿＿＿＿＿＿＿＿
　　kàn

---

1. B 谢谢。　　B 我打算跟我妻子一起去看音乐喜剧。

2. (1)결혼　　　　　(2)기념일　　　　(3)무슨, 무엇
　　(4)계획이다　　　(5)～와 같이(함께)　(6)부인　　　　　(7)보다

59

恭喜你毕业!

졸업을 축하드립니다.

DIALOGUE

A ^{꽁 시 니 삐 예} ^{저 스 쑹 게이 니 더 리 우}
恭喜你毕业! 这是送给你的礼物。
gōng xǐ nǐ bì yè　　zhè shì sòng gěi nǐ de lǐ wù

B ^{씨에 씨에} ^{저 스 션 머 너}
谢谢! 这是什么呢？
xiè xie　　zhè shì shén me ne

A ^{스 깡 비}
是钢笔。
shì gāng bǐ

B ^{하오 빵}
好棒!
hǎo bàng

새 단어와 어구풀이

- 毕业 bì yè 졸업
- 礼物 lǐ wù 선물
- 棒 bàng 훌륭하다, 좋다
- 呢 ne (문미에 쓰여)의문의 어기를 나타냄

- 这 zhè 이
- 钢笔 gāng bǐ 만년필
- 好 hǎo 몹시, 상당히

A 졸업을 축하드립니다. 이건 선물이에요.

B 고마워요. 이게 뭐죠?

A 만년필이에요.

B 멋지네요.

 문형 익히고 중국어를 쉽게!

단어 노트

· **贵姓** guì xìng
  성씨가 무엇입니까?
· **姓** xìng
  성(姓), 성씨

A 您贵姓？
  nín guì xìng

성함이 어떻게 되십니까?

B 我姓
  wǒ xìng

金。
Jīn

저는 김씨입니다.

赵。
Zhào

저는 조씨입니다.

孙。
Sūn

저는 손씨입니다.

A 你叫什么名字？
  nǐ jiào shén me míng zi

당신은 이름이 어떻게 되죠?

B 我叫
  wǒ jiào

赵承民。
Zhào chéng mín

저는 조승민이라고 합니다.

孙玉凤。
Sūn yù fèng

저는 손옥봉이라고 합니다.

1 是 문형

◉ 是 문형의 긍정형은 'A是B' 이고, 부정형은 'A不是B' 이다.

　예　**这是铅笔。** 　　　이것은 연필이다.
　　　zhè shì qiān bǐ

　　　这不是铅笔。 　　이것은 연필이 아니다.
　　　zhè bú shì qiān bǐ

◉ 是의문문은 문장 끝에 의문조사 吗를 붙이거나 긍정(是)·부정(不是)의 형식을 사용하기도 한다.

　예　**这是书吗？** 　　　이것은 책입니까?
　　　zhè shì shū ma

　　　这是不是书？ 　　이것은 책이 아닙니까?
　　　zhè shì bu shì shū

◉ '是不是'는 상대방의 어떤 내용을 더 명확히 확인하고자 할 때 쓰는 의문문 형태이다. 위치는 문장의 첫머리나 중간, 끝에다 놓을 수 있다.

　예　**你是不是饿了？** 　　당신은 배가 고파요?
　　　nǐ shì bu shì è le

　　　你饿了，是不是？ 　당신은 배고프지요, 그렇죠?
　　　nǐ è le　 shì bu shì

◉ 대답은 간단하게 是, 不是라고 한다.

　예　**你是学生吗？** 　　　당신은 학생입니까?
　　　nǐ shì xué sheng ma

　　　是。 예.　　　**不是。** 아니요.
　　　shì　　　　　　bú shì

확·인·하·고·넘·어·가·요

1 대화를 완성하시오.

A 恭喜你毕业! 这是送给你的礼物。
　　gōng xǐ nǐ bì yè　　zhè shì sòng gěi nǐ de lǐ wù

B ＿＿＿＿＿＿＿＿＿＿＿＿＿＿

A 是钢笔。
　　shì gāng bǐ

B ＿＿＿＿＿＿＿＿＿＿＿＿＿＿

2 단어의 뜻을 쓰시오.

(1) 毕业　　＿＿＿＿＿＿＿
　　bì yè

(2) 这　　＿＿＿＿＿＿＿
　　zhè

(3) 钢笔　　＿＿＿＿＿＿＿
　　gāng bǐ

(4) 棒　　＿＿＿＿＿＿＿
　　bàng

(5) 好　　＿＿＿＿＿＿＿
　　hǎo

(6) 礼物　　＿＿＿＿＿＿＿
　　lǐ wù

---

1. B 谢谢! 这是什么呢?　　B 好棒!

2. (1)졸업　　　　(2)이　　　　(3)만년필
　　(4)훌륭하다, 좋다　　(5)몹시, 상당히　　(6)선물

10 恭喜你考上!

합격을 축하드립니다.

DIALOGUE

A 听说你们的考试题很难，是吗？

팅 수어 니 먼 더 카오 스 티 헌 난 스 마

tīng shuō nǐ men de kǎo shì tí hěn nán shì ma

B 是的。我第一次就考上了。

스 더 워 띠 이 츠 지우 카오 상 러

shì de wǒ dì yī cì jiù kǎo shàng le

A 恭喜你考上!

꿍 시 니 카오 상

gōng xǐ nǐ kǎo shàng

B 谢谢! 有运气。

씨에 씨에 여우 윈 치

xiè xie yǒu yùn qi

새 단어와 어구풀이

- 听说 tīng shuō 듣자하니 ~라고 한다
- 考试 kǎo shì 시험
- 是的 shì de 그렇다
- 就 jiù 바로

- 难 nán 어렵다
- 题 tí 문제
- 第一次 dì yī cì 첫 번째
- 有运气 yǒu yùn qi 운이 있다

A 어려운 시험을 보셨다면서요?

B 네, 한 번에 바로 합격했습니다.

A 합격을 축하드립니다!

B 감사합니다. 운이 좋았습니다.

 문형 익히고 중국어를 쉽게!

- **介绍** jiè shào
  소개하다
- **坐** zuò
  앉다
- **等** děng
  기다리다
- **餐厅** cān tīng
  식당
- **银行** yín háng
  은행

请你	介绍	一下(儿)。	당신을 좀 소개하세요.
qǐng nǐ	jiè shào	yí xià(r)	
	坐		좀 앉으세요.
	zuò		
	等		잠시 기다리세요.
	děng		

我在	学校	工作。	나는 학교에서 일을 합니다.
wǒ zài	xué xiào	gōng zuò	
	餐厅		나는 식당에서 일을 합니다.
	cān tīng		
	银行		나는 은행에서 일을 합니다.
	yín háng		

1 听说

◉ 직접 들은 말이 아니라 남을 통해 들은 말을 표현하고자 할 경우 听说를 써서 그 느낌을 전달할 수 있다.

예 听说你去加拿大，是吗？   캐나다에 가신다면서요?
tīng shuō nǐ qù Jiā ná dà shì ma

听说他要结婚了。   들자니 그가 곧 결혼을 한다고 한다.
tīng shuō tā yào jié hūn le

2 각종 감정 표현

- 很喜欢   매우 좋아하다
  hěn xǐ huan

- 很无聊   매우 심심하다
  hěn wú liáo

- 很生气   매우 화나다
  hěn shēng qì

- 很担心   매우 걱정하다
  hěn dān xīn

- 很失望   매우 실망하다
  hěn shī wàng

- 很高兴   매우 기쁘다
  hěn gāo xìng

- 很讨厌   매우 밉다(싫다)
  hěn tǎo yàn

- 很满足   매우 만족하다
  hěn mǎn zú

- 很痛苦   매우 고통스럽다
  hěn tòng kǔ

- 很紧张   매우 긴장하다
  hěn jǐn zhāng

1 대화를 완성하시오.

A 听说你们的考试题很难，是吗？
tīng shuō nǐ men de kǎo shì tí hěn nán shì ma

B _____

A 恭喜你考上！
gōng xǐ nǐ kǎo shàng

B _____

2 단어의 뜻을 쓰시오.

(1) 听说 _____
tīng shuō

(2) 难 _____
nán

(3) 考试 _____
kǎo shì

(4) 题 _____
tí

(5) 第一次 _____
dì yī cì

(6) 就 _____
jiù

(7) 有运气 _____
yǒu yùn qi

(8) 是的 _____
shì de

---

1. B 是的，我第一次就考上了。　　B 谢谢！有运气。

2. (1)듣자하니~라고 한다　　(2)어렵다　　(3)시험
(4)문제　　(5)첫번째　　(6)바로
(7)운이 있다　　(8)그렇다

67

다시한번 체크체크

1 중국어로 옮기시오.

(1) 생일을 축하해.

→ _____

(2) 오늘이 아니야.

→ _____

(3) 한 잔 하러 가자.

→ _____

(4) 이게 뭐죠?

→ _____

(5) 멋지네요.

→ _____

2 단어를 알맞게 배열하시오.

(1) 我 / 生日 / 的 / 7月 / 是 / 9号
wǒ　shēng rì　de　qī yuè　shì　jiǔ hào

→ _____

(2) 升级 / 你 / 恭喜
shēng jí　nǐ　gōng xǐ

→ _____

(3) 你 / 有 / 吗 / 什么 / 晚上 / 今天 / 打算
nǐ　yǒu　ma　shén me　wǎn shang　jīn tiān　dǎ suàn

→ _____

(4) 我 / 第一次 / 了 / 就 / 考上
wǒ　dì yī cì　le　jiù　kǎo shàng

→ _____

3 한국어를 중국어로 옮기시오.

(1) 어렵다 _____ (2) 졸업 _____

(3) 부인 _____ (4) 뮤지컬 _____

(5) 술 _____ (6) 승진하다 _____

(7) 이미 _____ (8) 지나가다 _____

4 중국어를 한국어로 옮기시오.

(1) 是吗 _____ (2) 喝 _____
  shì ma   hē

(3) 跟～一起 _____ (4) 看 _____
  gēn yì qǐ   kàn

(5) 去 _____ (6) 听说 _____
  qù   tīng shuō

(7) 好棒 _____ (8) 刚笔 _____
  hǎo bàng   gāng bǐ

해답 ··

1. (1) 祝你生日快乐。 (2) 不是今天。 (3) 我们去喝酒吧。
   (4) 这是什么呢？ (5) 好棒。

2. (1) 我的生日是7月9号。 (2) 恭喜你升级。 (3) 今天晚上你有什么打算吗？
   (4) 我第一次就考上了。

3. (1) 难 (2) 毕业 (3) 太太 (4) 音乐喜剧 (5) 酒 (6) 升级 (7) 已经 (8) 过去

4. (1) 그렇습니까? (2) 마시다 (3) ～와 함께 (4) 보다 (5) 가다 (6) 듣자하니 ～라 한다
   (7) 멋지다 (8) 만년필

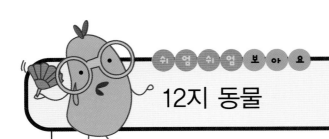

쉬엄쉬엄 보아요

12지 동물

중국어로 띠는 어떻게 물을까요?

열두 띠 동물에 쥐[子]·소[丑]·범[寅]·토끼[卯]·용[辰]·뱀[巳]·말[午]·양 [未]·원숭이[申]·닭[酉]·개[戌]·돼지[亥]가 있다는 것은 모두 들어 봐서 알겠지요. 원래 십이지라는 개념은 중국의 은대(殷代)에서 비롯되었다고 합니다. 그러나 이를 방위(方 位)나 시간, 띠 등에 대응시킨 것은 그 이후의 일이고, 다시 12동물과 대응시킨 것은 훨씬 후 대의 일로, 불교 사상의 영향을 받았다고 볼 수 있습니다.

그럼 12지의 유래를 간단히 알았으니, 다른 사람에게 한번 물어볼까요?

"你是属什么的?" 당신은 무슨 띠예요?
  nǐ shì shǔ shén me de

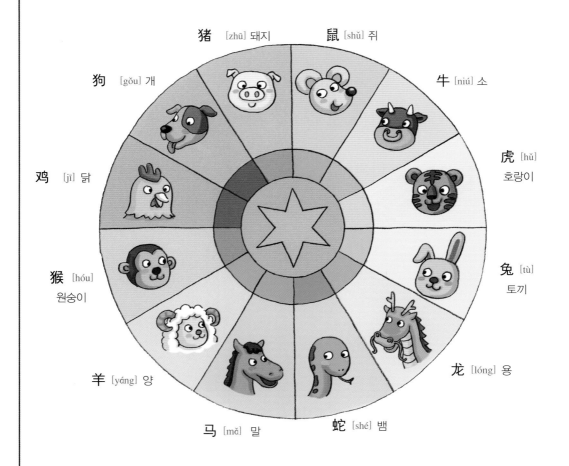

猪 [zhū] 돼지 　 鼠 [shǔ] 쥐

狗 [gǒu] 개 　 牛 [niú] 소

鸡 [jī] 닭 　 虎 [hǔ] 호랑이

猴 [hóu] 원숭이 　 兔 [tù] 토끼

羊 [yáng] 양 　 龙 [lóng] 용

马 [mǎ] 말 　 蛇 [shé] 뱀

초대

请进。	어서 들어오세요.
这是我太太。	이쪽은 제 아내입니다.
你的房子真漂亮。	집이 참 멋지네요.
你家有几口人？	가족이 몇 분이세요?
请随便吃。	마음껏 드세요.

11 | 请进。

어서 들어오세요.

DIALOGUE

A 欢迎欢迎, 请进。
환 잉 환 잉　　칭 찐
huān yíng huān yíng　qǐng jìn

B 谢谢你的邀请。
씨에 씨에 니 더 야오 칭
xiè xie nǐ de yāo qǐng

A 请这边坐。
칭 저 비엔 쭈어
qǐng zhè bian zuò

B 谢谢!
씨에 씨에
xiè xie

- 欢迎 huān yíng 환영합니다
- 请进 qǐng jìn 들어오세요
- 邀请 yāo qǐng 초대하다
- 这边 zhè bian 이쪽
- 坐 zuò 앉다

A 어서 들어오세요. 환영합니다.

B 초대해 주셔서 감사합니다.

A 이쪽으로 앉으시죠.

B 고맙습니다.

 문형 익히고 중국어를 쉽게!

단어 노트

- **中国** Zhōng guó
  중국
- **美国** Měi guó
  미국
- **日本** Rì běn
  일본
- **兄弟姐妹**
  xiōng dì jiě mèi
  형제자매
- **本** běn
  (양사) 권
- **张** zhāng
  (양사) 장
- **地图** dì tú
  지도

A 你是哪国人？
　nǐ shì nǎ guó rén
　　　　　　　　　　　　당신은 어느 나라 사람입니까?

B 我是 | 韩国人。 Hán guó rén
　wǒ shì
　　　　　　　　　　　　저는 한국 사람입니다.

中国人。 Zhōng guó rén
　　　　　　　　　　　　저는 중국 사람입니다.

美国人。 Měi guó rén
　　　　　　　　　　　　저는 미국 사람입니다.

日本人。 Rì běn rén
　　　　　　　　　　　　저는 일본 사람입니다.

你有几 | 个 ge | 兄弟姐妹？ xiōng dì jiě mèi
nǐ yǒu jǐ
　　　　　　　　　　　　당신은 형제자매가 몇 명 있습니까?

本 běn | 汉语词典？ Hàn yǔ cí diǎn
　　　　　　　　　　　　당신은 중국어 사전이 몇 권 있습니까?

张 zhāng | 地图？ dì tú
　　　　　　　　　　　　당신은 지도가 몇 장 있습니까?

1 어기조사 '了' (2)

◉ 어기조사 '了' (2)는 주로 문장 끝에 오며 동작이 이미 발생한 것을 나타낸다. 부사 '已经'
이나 과거를 나타내는 명사와 함께 쓰인다. 부정형은 동사 앞에 '没(有)' 붙이고 '了'를
생략한다.

긍정문 S + V + 了

예 我吃了。 　나는 먹었어요. 　　我吃饭了。 　　　　나는 밥을 먹었어요.
wǒ chī le 　　　　　　　　　wǒ chī fàn le

她去了。 　그녀는 갔어요. 　　她已经去学校了。 　그녀는 이미 학교에 갔어요.
tā qù le 　　　　　　　　　　tā yǐ jīng qù xué xiào le

부정문 S + 没(有) + V

예 我没(有)吃饭。 　　　　　　나는 밥을 먹지 않았어요.
wǒ méi (yǒu) chī fàn

她还没去学校。 　　　　　그녀는 아직 학교에 가지 않았어요.
tā hái méi qù xué xiào

의문문 S + V + 了 + 吗

예 你吃饭了吗？ 　　　　　　식사했어요?
nǐ chī fàn le ma

긍정 부정의문문 S + V + 了 + 没有

예 你吃饭了没有？ 　　　　　식사를 하지 않았어요?
nǐ chī fàn le méi yǒu

1 대화를 완성하시오.

A 欢迎欢迎，请进。
huān yíng huān yíng qǐng jìn

B _____

A 请这边坐。
qǐng zhè bian zuò

B _____

2 단어의 뜻을 쓰시오.

(1) 欢迎 _____
huān yíng

(2) 请进 _____
qǐng jìn

(3) 邀请 _____
yāo qǐng

(4) 这边 _____
zhè bian

(5) 坐 _____
zuò

---

1. B 谢谢你的邀请。　B 谢谢。

2. (1)환영합니다 　(2)들어오세요 　(3)초대하다
(4)이쪽 　(5)앉다

12 | 这是我太太。

이쪽은 제 아내입니다.

DIALOGUE

A 这是我太太。
저 스 워 타이 타이
zhè shì wǒ tài tai

B 你好! 认识你很高兴。
니 하오 런 스 니 헌 까오 싱
nǐ hǎo rèn shi nǐ hěn gāo xìng

C 你好! 欢迎你来我家。
니 하오 환 잉 니 라이 워 지아
nǐ hǎo huān yíng nǐ lái wǒ jiā

B 你的太太真漂亮。
니 더 타이 타이 전 피아오 량
nǐ de tài tai zhēn piào liang

• 太太 tài tai 부인, 아내
• 来 lái 오다
• 家 jiā 집
• 漂亮 piào liang 아름답다, 예쁘다

A 이쪽은 제 아내입니다.

B 안녕하세요. 반갑습니다

C 안녕하세요. 어서 오세요.

B 부인이 미인이네요.

 문형 익히고 중국어를 쉽게!

단어 노트

• **职员** zhí yuán
  직원

• **教室** jiào shì
  교실

• **伯母** bó mǔ
  큰어머니

你们学校有多少(个)
nǐ men xué xiào yǒu duō shao (ge)

老师? lǎo shī	학교에는 선생님이 몇 분 계십니까?
职员? zhí yuán	학교에는 직원이 몇 명 있습니까?
教室? jiào shì	학교에는 교실이 몇 개 있습니까?

爸爸 bà ba	爱你。 ài nǐ	아빠가 너를 사랑한다.
妈妈 mā ma		엄마가 너를 사랑한다.
伯父 bó fù		큰아빠가 너를 사랑한다.
伯母 bó mǔ		큰엄마가 너를 사랑한다.

1 상대방 소개

◉ 这是~ : (이 사람은)~입니다

(예) 这是我弟弟。   이 사람은 제 남동생입니다.
zhè shì wǒ dì di

那是她的哥哥。   그 사람은 그녀의 오빠입니다.
nà shì tā de gē ge

◉ 자기보다 나이, 직위 등이 높은 사람은 位를 써서 소개한다.

(예) 这位是我的老师。   이 분은 저의 선생님이십니다.
zhè wèi shì wǒ de lǎo shī

那位是他的总经理。   저 분은 그의 사장님입니다.
nà wèi shì tā de zǒng jīng lǐ

2 지시대명사

	근칭	원칭
단수	这 zhè(zhèi) 이,이것	那 nà(nèi) 저(그), 저것(그것)
복수	这些 zhè xiē(zhèi xiē) 이것들	那些 nà xiē(nèi xiē) 저것들

우리말에는 이것, 저것, 그것 3개로 구분되지만 중국어에서는 这, 那 2개로 구분한다.

1 대화를 완성하시오.

A 这是我太太。
   zhè shì wǒ tài tai

B _____

C 你好！欢迎你来我家。
   nǐ hǎo huān yíng nǐ lái wǒ jiā

B _____

2 단어의 뜻을 쓰시오.

(1) 太太   _____
    tài tai

(2) 来   _____
    lái

(3) 漂亮   _____
    piàoliang

(4) 家   _____
    jiā

---

1. B 你好！认识你很高兴。   B 你的太太真漂亮。

2. (1)부인   (2)오다
      (3)예쁘다   (4)집

13 你的房子真漂亮。

집이 참 멋지네요.

DIALOGUE

니 자오 지아 신 쿠 러 마
A 你找家辛苦了吗？
 nǐ zhǎo jiā xīn kǔ le ma

메이 여우 헌 롱 이 자오 따오 러
B 没有，很容易找到了。
 méi yǒu hěn róng yì zhǎo dào le

하오 러 게이 니 칸 칸 워 지아 하오 부 하오
A 好了。给你看看我家，好不好？
 hǎo le gěi nǐ kàn kan wǒ jiā hǎo bu hǎo

하오 니 더 팡 쯔 전 피아오 량
B 好。你的房子真漂亮。
 hǎo nǐ de fáng zi zhēn piào liang

새 단어와 어구풀이

- 找 zhǎo 찾다
- 没有 méi yǒu ～않다(과거의 경험, 행위, 사실 따위를 부정)
- 辛苦 xīn kǔ 고생하다
- 很 hěn 매우
- 到 dào ～을 해내다(결과보어)

- 好不好 hǎo bu hǎo 어떻습니까?
- 房子 fáng zi 집
- 容易 róng yì 쉽다
- 好了 hǎo le 다행입니다

A 집 찾는데 어렵지는 않으셨나요?

B 아니오, 쉽게 찾았습니다.

A 다행입니다. 집 구경을 시켜드릴까요?

B 예, 집이 참 멋지네요.

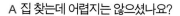

단어 노트

- 满 mǎn
  만
- 出头 chū tóu
  어떤 수량(정도)
  이상이 되다.
- 到 dào
  이르다, 미치다

A 你几岁 ?
  nǐ jǐ suì

너 몇 살이니?

B 我 五岁。
  wǒ wǔ suì

나는 다섯 살이에요.

满五岁。
mǎn wǔ suì

나는 만 다섯 살이에요.

A 你多大了 ?
  nǐ duō dà le

당신은 몇 살이 되었어요?

B 我 四十出头。
  wǒ sì shí chū tóu

저는 사십 초반이에요.

不到四十岁。
bú dào sì shí suì

저는 사십 살이 안 됐어요.

四十多岁。
sì shí duō suì

저는 사십 몇 살이에요.

1 결과보어

● 동작의 결과를 보충 설명하는 보어를 결과보어라고 한다. 주로 동사나 형용사가 동사 뒤
에 쓰여 결과보어가 된다.

> 예 **看**到 보(이)다, 눈이 닿다　**吃**完 다 먹다　**来** 晚 늦게 오다
> kàn dào　　　　　chī wán　　　　lái wǎn

1) 결과보어는 동사와 긴밀하게 결합하여 조사 '了' 나 빈어는 '동사+보어' 뒤에 놓아야 한다.

> 예 **我 说 的 话 你 听**清楚**了吗 ?**　내 말을 분명히 알아들었나요?
> wǒ shuō de huà nǐ tīng qīng chu le ma

2) 부정형은 동사 앞에 '沒(有)' 를 붙여주면 된다.

> 예 **他 没 有 听**懂**你 说 的 话。**　그는 당신의 말을 알아듣지 못했어요.
> tā méi yǒu tīng dǒng nǐ shuō de huà

3) 부정된 동작이 가정, 조건, 의지, 원망 등을 나타낼 때는 '不' 를 쓸 수 있다.

> 예 **你 不 说**清楚**, 你 不 能 走。**　분명히 말하지 않으면 당신은 갈 수 없어요.
> nǐ bù shuō qīng chu nǐ bù néng zǒu

● 결과보어 '见' 과 '完'

1) 见:(시각, 청각, 후각 등으로) '느끼다' 의 뜻으로 분명히 감지했다는 뜻을 나타낸다.

> 예 **昨 天 我 看**见**他 了。**　어제 나는 그를 보았어요.
> zuó tiān wǒ kàn jiàn tā le
>
> **我 的 话 你 听**见**了吗 ?**　내 말이 들리나요?
> wǒ de huà nǐ tīng jiàn le ma

2) 完: '다하다, 완성하다' 의 뜻이다. 즉 동작의 완료를 나타낸다.

> 예 **我 看**完**了 这 本 小 说。**　나는 이 소설책을 다 보았어요.
> wǒ kàn wán le zhè běn xiǎo shuō

1 대화를 완성하시오.

A ＿＿＿＿＿＿＿＿＿＿＿＿＿

B 没有，很容易找到了。
méi yǒu hěn róng yì zhǎo dào le

A ＿＿＿＿＿＿＿＿＿＿＿＿＿

B 好。你的房子真漂亮。
hǎo nǐ de fáng zi zhēn piào liang

2 단어의 뜻을 쓰시오.

(1) 找　　　＿＿＿＿＿＿＿＿
zhǎo

(2) 很　　　＿＿＿＿＿＿＿＿
hěn

(3) 房子　　＿＿＿＿＿＿＿＿
fáng zi

(4) 到　　　＿＿＿＿＿＿＿＿
dào

(5) 容易　　＿＿＿＿＿＿＿＿
róng yì

(6) 辛苦　　＿＿＿＿＿＿＿＿
xīn kǔ

(7) 好不好　＿＿＿＿＿＿＿＿
hǎo bu hǎo

---

1. A 你找家辛苦了吗？　　A 好了。给你看看我家，好不好？
2. (1)찾다　　　　　　　　(2)매우　　　　　(3)집
   (4)〜을 해내다(결과보어)　(5)쉽다　　　　(6)고생하다　　　(7)어떻습니까?

14 | 你家有几口人?

가족이 몇 분이세요?

DIALOGUE

니 지아 여우 지 커우 런
A 你家有几口人?
nǐ jiā yǒu jǐ kǒu rén

워 지아 여우 우 커우 런
B 我家有五口人。
wǒ jiā yǒu wǔ kǒu rén

지 거 하이 쯔 너
A 几个孩子呢?
jǐ ge hái zi ne

여우 량 거 뉘 얼   이 거 얼 쯔
B 有两个女儿, 一个儿子。
yǒu liǎng ge nǚ ér   yí ge ér zi

새 단어와 어구풀이 -

- 有 yǒu 있다
- 口 kǒu 명(사람을 세는 양사)
- 孩子 hái zi 아이
- 一个 yí ge 1개
- 儿子 ér zi 아들

- 几 jǐ 몇, 얼마
- 五 wǔ 다섯, 5
- 两个 liǎng ge 2개
- 女儿 nǚ ér 딸

A 가족이 몇 분이세요?

B 우리 가족은 다섯 명입니다.

A 자녀분은 어떻게 되시는데요?

B 딸 둘과 아들 하나입니다.

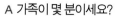 문형 익히고 중국어를 쉽게!

- **年纪** nián jì
  나이, 연령
- **左右** zuǒ yòu
  약, 가량

A 他多大年纪了？
　　tā duō dà nián jì le

그분은 연세가 어떻게 되셨어요?

B 他
　　tā

七十几了。
qī shí jǐ le

七十岁左右。
qī shí suì zuǒ yòu

그분은 칠십 몇 살 되셨어요.

그는 칠십 세 정도예요.

你
nǐ

你爸爸
nǐ bà ba

你叔叔
nǐ shū shu

你妈妈
nǐ mā ma

做什么工作？
zuò shén me gōng zuò

당신은 무슨 일을 하십니까?

당신의 아버지는 무슨 일을 하십니까?

당신의 삼촌은 무슨 일을 하십니까?

당신의 어머니는 무슨 일을 하십니까?

85

1 수를 묻는 의문대명사 '几'와 '多少'

◉ 수량을 묻는 의문대명사에는 '几'와 '多少'가 있으며 '몇, 얼마'란 뜻이다. 숫자가 10이하일 경우에는 '几'를 쓰고 숫자가 10이상일 경우에는 '多少'를 쓴다. '几'는 명사 사이에 반드시 양사(量詞)를 써야 하는 반면에 '多少'는 명사 사이에 양사를 생략할 수 있다. 그리고 이것을 쓰는 의문문에는 '吗'를 붙이지 않는다.

> 예 **你有几个弟弟?**   당신은 남동생이 몇 명 있나요?
> nǐ yǒu jǐ ge dì di
>
> **你们班有多少(个)学生?**   당신 반에는 학생이 몇 명 있나요?
> nǐ men bān yǒu duō shao (ge) xué sheng
>
> **你要多少?**   몇 개를 원하는가?
> nǐ yào duō shao

2 어기조사 '呢'

◉ 화제를 이어받아 질문을 할 때 쓰는 의문의 어기조사이다.

> 예 **你呢?** 당신은요?
> nǐ ne
>
> **爸爸呢?** 아빠는요?
> bà ba ne
>
> **你妈妈呢?** 당신 어머니는요?
> nǐ mā ma ne

1 대화를 완성하시오.

A 你家有几口人？
nǐ jiā yǒu jǐ kǒu rén

B _____

A 几个孩子呢？
jǐ ge hái zi ne

B _____

2 단어의 뜻을 쓰시오.

(1) 有 _____
yǒu

(2) 几 _____
jǐ

(3) 口 _____
kǒu

(4) 孩子 _____
hái zi

(5) 儿子 _____
ér zi

(6) 两个 _____
liǎng ge

(7) 一个 _____
yí ge

(8) 女儿 _____
nǚ ér

---

1. B 我家有五口人。　B 有两个女儿，一个儿子。

2. (1)있다　　　　(2)얼마, 몇　　　　(3)명(양사)　　　　(4)아이
　 (5)아들　　　　(6)2개　　　　　 (7)1개　　　　　　(8)딸

15 请随便吃。

마음껏 드세요.

DIALOGUE

A 我们去吃饭吧！
워 먼 취 츠 판 바
wǒ men qù chī fàn ba

B 好香。
하오 시앙
hǎo xiāng

A 请随便吃。
칭 쑤이 비엔 츠
qǐng suí biàn chī

B 谢谢！
씨에 씨에
xiè xie

새 단어와 어구풀이

• 我们 wǒ men 우리들
• 去 qù 가다
• 吃 chī 먹다
• 饭 fàn 밥
• 吧 ba 문장 끝에 쓰여 명령, 청구, 재촉, 건의를 나타냄
• 香 xiāng 향기롭다, 맛있다.
• 随便 suí biàn 마음대로, 좋을 대로

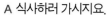

A 식사하러 가시지요.

B 냄새가 아주 좋은데요.

A 마음껏 드세요.

B 맛있게 잘 먹겠습니다.

 문형 익히고 중국어를 쉽게!

단어 노트

- 困 kùn
  피곤하다
- 吵 chǎo
  시끄럽다
- 睡 shuì
  자다

A 今天是几月几号？
jīn tiān shì jǐ yuè jǐ hào

오늘은 몇 월 며칠입니까?

B 今天是
jīn tiān shì

二月六	号。
èr yuè liù	hào
五月十九	
wǔ yuè shí jiǔ	
十一月二十一	
shí yī yuè èr shí yī	
十二月二十	
shí èr yuè èr shí	

오늘은 2월 6일입니다.

오늘은 5월 19일입니다.

오늘은 11월 21일입니다.

오늘은 12월 20일입니다.

我真吃
wǒ zhēn chī
不下去。
bu xià qù

나는 정말로 더는 못 먹겠습니다.

困得学
kùn de xué

피곤하여 더는 공부할 수 없습니다.

吵得睡
chǎo de shuì

떠들어서 계속 잘 수가 없었습니다.

1 연동문

◉ 한 문장 안에서 동일한 주어 아래 몇 개의 동사나 동사구가 이어져 쓰이는 문장을 연동문
이라 한다. 동작의 전후, 목적, 수단, 방법 등을 표시하기 위해 각각 알맞은 동사를 차례
로 쓴다.

예 **我们去吃饭吧!**　　　밥 먹으러 가자!(동작의 전후)
　　wǒ men qù chī fàn ba

　　我们去买东西。　　　우리는 물건을 사러 간다. (동작의 전후)
　　wǒ men qù mǎi dōng xi

　　我们坐火车去。　　　우리는 가차를 타고 간다. (동작의 방법)
　　wǒ men zuò huǒ chē qù

2 설면음

◉ j(지), q(치), x(시)가 ü(위)와 결합한 경우의 표기는 jü, qü, xü으로 하지 않고 ju, qu,
xu로 표기한다. 그러나 발음은 u(우)가 아닌 ü(위)로 해 주어야 한다. 그래서 去qù 는
'추' 가 아니라 '취' 로 발음한다.

예 **局**　　　**去**　　　**续**
　　jú　　　qù　　　xù
　　쥐　　　취　　　쉬

확인하고 넘어가요

1 대화를 완성하시오.

A 我们去吃饭吧!
wǒ men qù chī fàn ba

B ＿＿＿＿＿＿＿＿＿＿＿＿＿

A 请随便吃。
qǐng suí biàn chī

B ＿＿＿＿＿＿＿＿＿＿＿＿＿

2 단어의 뜻을 쓰시오.

(1) 我们   ＿＿＿＿＿＿＿＿
wǒ men

(2) 去   ＿＿＿＿＿＿＿＿
qù

(3) 吃   ＿＿＿＿＿＿＿＿
chī

(4) 饭   ＿＿＿＿＿＿＿＿
fàn

(5) 吧   ＿＿＿＿＿＿＿＿
ba

(6) 香   ＿＿＿＿＿＿＿＿
xiāng

(7) 随便   ＿＿＿＿＿＿＿＿
suí biàn

---

1. B 好香。   B 谢谢!

2. (1)우리   (2)가다   (3)먹다   (4)밥
   (5)명령, 청구, 재촉의 어기를 나타냄   (6)향기롭다, 맛있다   (7)마음대로, 좋을대로

91

다시한번 체크체크

① 중국어는 한국어로, 한국어는 중국어로 옮기시오.

(1) 谢谢你的邀请。 →_____
xiè xie nǐ de yāo qǐng

(2) 我们去吃饭吧! →_____
wǒ men qù chī fàn ba

(3) 你家有几口人？ →_____
nǐ jiā yǒu jǐ kǒu rén

(4) 好香。 →_____
hǎo xiāng

(5) 几个孩子呢？ →_____
jǐ ge hái zi ne

(6) 집 찾는데 어렵지는 않으셨나요? →_____

(7) 어서 들어오세요. →_____

(8) 이쪽은 제 아내입니다. →_____

(9) 식사하러 가시지요. →_____

(10) 맛있게 잘 먹었습니다. →_____

② 단어의 뜻을 쓰시오.

(1) 我们 _____ (2) 去 _____
wǒ men　　　　　　　　　　　　qù

(3) 吃 _____ (4) 女儿 _____
chī　　　　　　　　　　　　　　nǚ ér

(5) 吗 _____ (6) 房子 _____
ma　　　　　　　　　　　　　　fáng zi

(7) 很 _____ (8) 容易 _____
hěn　　　　　　　　　　　　　　róng yì

3 중국어로 옮기시오.

(1) 다행입니다 _____

(2) 아니요 _____

(3) 앉다 _____

(4) 환영하다 _____

(5) 감사합니다 _____

(6) 부인 _____

(7) 요청하다 _____

(8) 어떻습니까? _____

4 단어를 알맞게 배열하시오.

(1) 去 / 吃 / 饭 / 吧 / 我们
    qù chī fàn ba wǒ men

→ _____

(2) 你 / 家 / 几 / 有 / 口 / 人
    nǐ jiā jǐ yǒu kǒu rén

→ _____

(3) 这 / 太太 / 我 / 是
    zhè tài tai wǒ shì

→ _____

(4) 你 / 房子 / 的 / 漂亮 / 真
    nǐ fáng zi de piào liang zhēn

→ _____

해 답 ┄┄┄

1. (1) 초대해 주셔서 감사합니다. (2) 식사하러 가시지요. (3) 가족이 몇 명이십니까?
(4) 냄새가 아주 좋은데요. (5) 아이들은 어떻게 되시나요? (6) 你找家辛苦了吗？ (7) 请进。
(8) 这是我太太。 (9) 我们去吃饭吧。 (10) 谢谢。

2. (1) 우리 (2) 가다 (3) 먹다 (4) 딸 (5) ~입니까? (6) 집 (7) 매우 (8) 쉽다

3. (1) 好了 (2) 没有 (3) 坐 (4) 欢迎 (5) 谢谢 (6) 太太 (7) 邀请 (8) 好不好？

4. (1) 我们去吃饭吧。 (2) 你家有几口人？ (3) 这是我太太。
(4) 你的房子真漂亮。

나라 이름

중국의 신문이나 잡지를 보면 전자제품 등의 모델명을 제외하고는 알파벳을 찾아볼 수가 없습니다. 이는 중국인들이 자기네들의 언어에 자부심을 가지고 '중국화' 했다는 긍정적인 측면과 함께 홍수같이 밀려드는 외래어들이 자칫 그 뜻이 왜곡되어 처음 어원과 달리 너무 색다르게 사용될 수 있다는 부정적인 측면을 모두 가지고 있다고 하겠습니다. 그중에서도 여기에서는 나라 이름에 대해 알아보겠습니다.

韩国 [Hán guó] 한국

英国 [Yīng guó] 영국

西班牙 [Xī bān yá] 스페인

意大利 [Yì dà lì] 이탈리아

澳大利亚 [Ào dà lì yà]
오스트레일리아

日本 [Rì běn] 일본

中国 [Zhōng guó] 중국

加拿大 [Jiā ná dà] 캐나다

菲律宾 [Fēi lù bīn] 필리핀

法国 [Fǎ guó] 프랑스

美国 [Měi guó] 미국

德国 [Dé guó] 독일

94

공부

我的专业是汉语。　　　제 전공은 중국어입니다.

学中文有意思吗？　　　중국어 공부는 재미있습니까?

考试考得好吗？　　　시험 잘 봤니?

什么时候期末考试呢？　학기말 시험은 언제 보니?

毕业以后想做什么？　　졸업 후에는 뭐할 거니?

16 我的专业是汉语。

제 전공은 중국어입니다.

DIALOGUE

A 你上哪个大学？
니 상 나 거 따 쉬에
nǐ shàng nǎ ge dà xué

B 我上韩国大学，4年级。
워 상 한 구어 따 쉬에 쓰 니엔 지
wǒ shàng Hán guó dà xué sì nián jí

A 你的专业是什么？
니 더 주안 예 스 션 머
nǐ de zhuān yè shì shén me

B 我的专业是汉语。
워 더 주안 예 스 한 위
wǒ de zhuān yè shì Hàn yǔ

새 단어와 어구풀이

• 上 shàng 어떤 활동을 하다
• 大学 dà xué 대학
• 什么 shén me 무슨, 무엇

• 哪 nǎ 어느
• 专业 zhuān yè 전공
• 汉语 Hàn yǔ 중국어

A 어느 학교에 다니세요?

B 한국대학교 4학년입니다.

A 전공이 뭐죠?

B 제 전공은 중국어입니다.

문형 익히고 중국어를 쉽게!

我们一起去   吃饭,   好吗？   우리 같이 식사하러 가는 게 어때요?
wǒ men yì qǐ qù   chī fàn   hǎo ma

旅行   우리 같이 여행하러 가는 게 어때요?
lǚ xíng

买东西   우리 같이 물건을 사러 가는 게 어때요?
mǎi dōng xi

好像   吃饱了。   배가 부른 것 같습니다.
hǎo xiàng   chī bǎo le

在天堂一样。   마치 천당에 있는 것 같습니다.
zài tiān táng yí yàng

妈妈似的照顾我。   마치 어머니처럼 저를 보살펴 줍니다.
mā ma shì de zhào gù wǒ

1 수량구조

중국어에서 명사 앞에 수사가 와서 수식할 경우에는 수사와 명사 사이에 반드시 양사를 써 주어야 한다. 이 구조는 영어의 수량구조와 차이가 있다.

수사 + 양사 + 명사

예 五个人 다섯 명   三只狗 강아지 세 마리   一块面包 빵 한 개
wǔ ge rén   sān zhī gǒu   yí kuài miàn bāo

2 수사(数词) '二' 와 '两'

'2'를 나타낼 때 중국어에서는 '二'와 '两'으로 표현할 수 있다.

1) 단순히 수를 셀 때나 두 자리 이상인 수의 끝자리는 '二' 만을 쓴다.

예 2 둘   12 십이   22 이십이   302号 삼백이호   2002年 이천이년
    èr   shí èr   èr shí èr   sān líng èr hào   èr líng líng èr nián

2) '十' 앞에서는 '二' 만을 쓰고, '百. 千. 万. 亿' 이 수의 중간에 올 때는 일반적으로 '二' 를 쓰고, 첫머리에 올 때는 '两' 을 쓴다. 다만 '百' 는 첫머리에 쓰이는 경우라도 '二' 로 쓸 수 있다.

예 20 二十   200 两百 (二百)   2222 两千二百二十二
    èr shí   liǎng bǎi(èr bǎi)   liǎng qiān èr bǎi èr shí èr

3) 서수, 분수, 소수를 셀 때나 순서를 나타낼 때는 '二' 를 쓴다.

예 第二课 제2과   二分之一 1/2   百分之二 2%   零点二 0.2
    dì èr kè   èr fēn zhī yī   bǎi fēn zhī èr   líng diǎn èr

二点二 2.2   二月 이월   二号 이호   二年级 이학년
èr diǎn èr   èr yuè   èr hào   èr nián jí

4) 양사 앞에서는 반드시 '两' 을 쓴다.

예 两本书 책 두 권   两个人 두 사람   两家公司 회사 두 개   两张票 표 두 장
    liǎng běn shū   liǎng ge rén   liǎng jiā gōng sī   liǎng zhāng piào

1 대화를 완성하시오.

A 你上哪个大学？
　　nǐ shàng nǎ ge dà xué

B ＿＿＿＿＿＿＿＿＿＿＿＿

A 你的专业是什么？
　　nǐ de zhuān yè shì shén me

B ＿＿＿＿＿＿＿＿＿＿＿＿

2 단어의 뜻을 쓰시오.

(1) 上　　　＿＿＿＿＿＿＿
　　shàng

(2) 哪　　　＿＿＿＿＿＿＿
　　nǎ

(3) 大学　　＿＿＿＿＿＿＿
　　dà xué

(4) 专业　　＿＿＿＿＿＿＿
　　zhuān yè

(5) 什么　　＿＿＿＿＿＿＿
　　shén me

(6) 汉语　　＿＿＿＿＿＿＿
　　Hàn yǔ

1. B 我上韩国大学，4年级。　　B 我的专业是汉语。

2. (1)어떤 활동을 하다　　(2)어느　　(3)대학
　　(4)전공　　(5)무슨, 무엇　　(6)중국어

99

17 | 学中文有意思吗？
중국어 공부는 재미있습니까？

DIALOGUE

A 쉬에 중 원 여우 이 쓰 마
学中文有意思吗？
xué Zhōng wén yǒu yì si ma

B 여우 이 쓰
有意思。
yǒu yì si

A 니 취 꾸어 중 구어 마
你去过中国吗？
nǐ qù guo Zhōng guó ma

B 스 워 취 니엔 취 꾸어 중 구어
是，我去年去过中国。
shì wǒ qù nián qù guo Zhōng guó

새 단어와 어구풀이

- 学 xué 공부하다
- 有意思 yǒu yì si 재미있다
- 过 guo 과거에 ~한 경험이 있음을 나타냄
- 中国 Zhōng guó 중국
- 中文 Zhōng wén 중국어
- 去 qù 가다
- 去年 qù nián 작년

100

A 중국어 공부는 재미있습니까?

B 네, 재미있습니다.

A 중국에 가본 적 있으세요?

B 네, 작년에 중국에 다녀왔습니다.

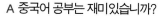 문형 익히고 중국어를 쉽게!

 단어 노트

· 还 hái
아직

· 到 dào
도달하다

A 你在哪儿？
nǐ zài nǎr

당신은 어디에 있어요?

B 我在
wǒ zài

这儿。
zhèr

나는 여기에 있어요.

宿舍。
sù shè

나는 기숙사에 있어요.

教室。
jiào shì

나는 교실에 있어요.

公司。
gōng sī

나는 회사에 있어요.

A 现在几点？
xiàn zài jǐ diǎn?

지금 몇 시예요?

B 现在
xiàn zài

六点。
liù diǎn

지금 6시예요.

差五分十点。
chà wǔ fēn shí diǎn

지금 10시 5분 전이에요.

十一点零五分。
shí yī diǎn líng wǔ fēn

지금 11시 5분이에요.

还不到两点。
hái bú dào liǎng diǎn

아직 2시가 안됐어요.

1 동태조사 '过'

◉ 동사 바로 뒤에 동태조사 '过'를 붙여 쓰면 동작의 과거 경험을 나타낸다.

> **긍정문**   동사 + 过 + 빈어

예 **我看过京剧。**   나는 경극을 본 적이 있어요.
wǒ kàn guo jīng jù

我看过那本书。   나는 그 책을 읽어 봤다.
wǒ kàn guo nà běn shū

> **부정문**   没(有) + 동사 + 过 + 빈어
> 还 / 从来 + 没(有) + 동사 + 过 + 빈어 + 呢

예 **我没(有)看过日本电影。**   나는 일본 영화를 본 적이 없어요.
wǒ méi (yǒu) kàn guo Rì běn diàn yǐng

我还没有听过他的名字呢。   나는 아직 그의 이름을 들어본 적이 없어요.
wǒ hái méi yǒu tīng guo tā de míng zi ne

> **의문문**   동사 + 过 + 吗
> 동사 + 过 + 没有
> 동사 + (过) + 没 + 동사 + 过

예 **你去过中国吗？**   당신은 중국에 가본 적이 있나요?
nǐ qù guo Zhōng guó ma

你去过中国没有？   당신은 중국에 가본 적이 있나요?
nǐ qù guo Zhōng guó méi yǒu

你去(过)没去过中国？   당신은 중국에 가본 적이 있나요?
nǐ qù (guo) méi qù guo Zhōng guó

1 대화를 완성하시오.

A 学中文有意思吗 ？
xué Zhōng wén yǒu yì si ma

B _____

A 你去过中国吗 ？
nǐ qù guo Zhōng guó ma

B _____

2 단어의 뜻을 쓰시오.

(1) 学 _____
xué

(2) 中文 _____
Zhōng wén

(3) 有意思 _____
yǒu yì si

(4) 去过 _____
qù guo

(5) 去年 _____
qù nián

(6) 中国 _____
Zhōng guó

---

1. B 有意思。   B 是，我去年去过中国。
2. (1)공부하다   (2)중국어   (3)재미있다
   (4)갔었다   (5)작년   (6)중국

18 考试考得好吗？

시험 잘 봤니?

DIALOGUE

A 考试考得好吗？
카오 스 카오 더 하오 마
kǎo shì kǎo de hǎo ma

B 马马虎虎。你呢？
마 마 후 후 니 너
mǎ ma hú hú nǐ ne

A 试题太难了。
스 티 타이 난 러
shì tí tài nán le

B 对。尤其是数学和物理太难了。
뚜이 여우 치 스 수 쉐 허 우 리 타이 난 러
duì yóu qí shì shù xué hé wù lǐ tài nán le

새 단어와 어구풀이

- 考试 kǎo shì 시험보다
- 太 tài 매우 몹시
- 数学 shù xué 수학
- 难 nán 어렵다
- 马马虎虎 mǎ ma hú hú 그저 그렇다, 그다지 좋지 않다

- 试题 shì tí 시험문제
- 尤其 yóu qí 특히
- 物理 wù lǐ 물리

104

해 석

A 시험 잘 봤니?

B 그저 그래. 넌 어때?

A 문제가 너무 어려웠어.

B 그래, 특히 수학과 물리는 정말 어려웠어.

문형 익히고 중국어를 쉽게!

 단어 노트

- **抽烟** chōu yān
  담배를 피우다
- **电视** diàn shì
  텔레비전
- **差点儿**
  chà diǎnr
  하마터면
- **上班** shàng bān
  출근하다
- **拿** ná
  잡다, 들다
- **驾驶证**
  jià shǐ zhèng
  운전 면허증

我能不能在这儿
wǒ néng bu néng zài zhèr

抽烟？ chōu yān	여기에서 담배를 피워도 돼요?
吃饭？ chī fàn	여기에서 밥을 먹어도 돼요?
看电视？ kàn diàn shì	여기에서 TV를 봐도 돼요?

差点儿
chà diǎnr

上车了。 shàng chē le	하마터면 차에 탈 뻔 했습니다.
没上班。 méi shàng bān	하마터면 출근하지 못 할 뻔 했습니다.
没拿到驾驶证。 méi ná dào jià shǐ zhèng	하마터면 운전면허를 따지 못 할 뻔 했습니다.

1 동태조사 '了'

◉ 동태조사 '了'는 동사 바로 뒤에 붙어서 동작, 행위의 완성이나 실현을 나타낸다. 시간의 흐름과는 직접 상관이 없기 때문에 과거, 현재, 미래 등의 시점과는 상관이 없다.

1) 주어 + 동사 + 了

예 爸爸从北京回来了。　　　　　　아빠가 베이징에서 돌아오셨어요.
　　bà ba cóng Běi jīng huí lai le

2) 주어 + 동사 + 了 + 수량사 + 목적어

예 上星期我买了三本小说。　　　　지난 주에 나는 소설책 세 권을 샀어요.
　　shàng xīng qī wǒ mǎi le sān běn xiǎo shuō

3) 주어 + 没(有) + 동사

예 我没有回家。　　　　　　　　　나는 집에 돌아가지 않았어요.
　　wǒ méi yǒu huí jiā

　　作业还没写完。　　　　　　　　숙제를 아직 다 하지 못했어요.
　　zuò yè hái méi xiě wán

4) 의문문의 형태

동사 +了 + 吗

예 考试开始了吗？　　　　　　　　시험이 시작되었어요?
　　kǎo shì kāi shǐ le ma

동사 +了 + 没有

예 你听了没有？　　　　　　　　　당신은 들었나요?
　　nǐ tīng le méi yǒu

동사 +了 + 목적어 + 没有

예 你看了今天的报没有？　　　　　오늘 신문을 보았나요?
　　nǐ kàn le jīn tiān de bào méi yǒu

동사 + 没 + 동사

예 他来没来？　　　　　　　　　　그는 왔나요?
　　tā lái mei lái

1 대화를 완성하시오.

A 考试考得好吗？
  kǎo shì kǎo de hǎo ma

B _____

A 试题太难了。
  shì tí tài nán le

B _____

2 단어의 뜻을 쓰시오.

(1) 考试 _____   (2) 马马虎虎 _____
  kǎo shì   mǎ ma hú hú

(3) 试题 _____   (4) 太 _____
  shì tí   tài

(5) 尤其 _____   (6) 数学 _____
  yóu qí   shù xué

(7) 物理 _____   (8) 难 _____
  wù lǐ   nán

---

1. B 马马虎虎。你呢？   B 对。尤其是数学和物理太难了。

2. (1)시험보다   (2)그저 그렇다   (3)시험문제   (4)매우
     (5)특히   (6)수학   (7)물리   (8)어렵다

19 | 什么时候期末考试呢？
학기말 시험은 언제 보니?

DIALOGUE

션 머 스 허우 치 모 카오 스 너
A 什么时候期末考试呢？
shén me shí hou qī mò kǎo shì ne

샤 싱 치 이
B 下星期一。
xià xīng qī yī

지아 여우
A 加油!
jiā yóu

워 야오 찐 워 더 리 량
B 我要尽我的力量。
wǒ yào jìn wǒ de lì liang

새 단어와 어구풀이

• 什么时候 shén me shí hou 언제
• 下星期一 xià xīng qī yī 다음 주 월요일
• 要 yào ~하려고 하다(의지나 염원을 나타냄)
• 力量 lì liang 힘

• 期末考试 qī mò kǎo shì 기말고사
• 加油 jiā yóu 힘내라, 파이팅
• 尽 jìn 다하다, 전력을 다하다

A 학기말 시험은 언제 보니?

B 다음 주 월요일에 봅니다.

A 힘내라!

B 최선을 다할게요.

 문형 익히고 중국어를 쉽게!

 단어 노트

- **贸易公司**
  mào yì gōng sī
  무역회사
- **机场** jī chǎng
  공항
- **做生意**
  zuò shēng yi
  장사를 하다
- **打鱼** dǎ yú
  물고기를 잡다
- **教书** jiāo shū
  글을 가르치다

A 你在哪儿工作？
   nǐ zài nǎr gōng zuò
   당신은 어디에서 일을 해요?

B 我在 贸易公司 工作。
   wǒ zài mào yì gōng sī gōng zuò
   나는 무역회사에서 일을 해요.

   电影院
   diàn yǐng yuàn
   나는 영화관에서 일을 해요.

   机场
   jī chǎng
   나는 공항에서 일을 해요.

A 你是做什么的？
   nǐ shì zuò shén me de
   당신은 직업이 무엇이에요?

B 我是 做生意 的。
   wǒ shì zuò shēng yi de
   나는 상인이에요.

   打鱼
   dǎ yú
   나는 어부예요.

   教书
   jiāo shū
   나는 선생이에요.

1 시간사

그저께	어제	오늘	내일	모레
前天	昨天	今天	明天	后天
qián tiān	zuó tiān	jīn tiān	míng tiān	hòu tiān
재작년	작년	올해	내년	후년
前年	去年	今年	明年	后年
qián nián	qù nián	jīn nián	míng nián	hòu nián

지난 주	금주	다음 주
上(个)星期	这(个)星期	下(个)星期
shàng (ge) xīng qī	zhè (ge) xīng qī	xià (ge) xīng qī
지난 달	이달	다음 달
上个月	这个月	下个月
shàng ge yuè	zhè ge yuè	xià ge yuè

2 시험의 종류

● 중국에서도 대학에 가려면 입학시험을 봐야 한다. 그 시험을 高考라고 하며 매년 여름에 시험이 있다. 중국은 가을학기제도이다.

- **期末考试**   기말고사
  qī mò kǎo shì

- **期中考试**   중간고사
  qī zhōng kǎo shì

- **高考**   대입고사
  gāo kǎo

1 대화를 완성하시오.

A 什么时候期末考试呢?
shén me shí hou qī mò kǎo shì ne

B _____

A 加油!
jiā yóu

B _____

2 단어의 뜻을 쓰시오.

(1) 什么时候 _____
shén me shí hou

(2) 期末考试 _____
qī mò kǎo shì

(3) 下星期一 _____
xià xīng qī yī

(4) 加油 _____
jiā yóu

(5) 要 _____
yào

(6) 尽 _____
jìn

(7) 力量 _____
lì liang

---

1. B 下星期一。 B 我要尽我的力量。

2. (1)언제 (2)기말고사 (3)다음 주 월요일 (4)힘내라, 파이팅
   (5)~하려고 하다 (6)다하다 (7)힘

20 毕业以后想做什么？
졸업 후에는 뭐할 거니?

DIALOGUE

A 毕业以后想做什么？
삐 예 이 허우 시앙 쭈어 션 머
bì yè yǐ hòu xiǎng zuò shén me

B 我想继续学习。
워 시앙 지 쉬 쉬에 시
wǒ xiǎng jì xù xué xí

A 要学什么？
야오 쉬에 션 머
yào xué shén me

B 我要学物理学。
워 야오 쉬에 우 리 쉬에
wǒ yào xué wù lǐ xué

새 단어와 어구풀이

· 毕业 bì yè 졸업
· 想 xiǎng ~할 생각이다, ~하고 싶다
· 继续 jì xù 계속
· 物理学 wù lǐ xué 물리학

· 以后 yǐ hòu 이후
· 做 zuò (일을)하다, 종사하다
· 学习 xué xí 공부하다

A 졸업한 후에 뭐 할 거니?

B 공부를 계속할 계획이야.

A 무슨 공부를 할 건데?

B 물리학을 공부할 생각이야.

🐟◀ 문형 익히고 중국어를 쉽게!

- 这件事
  zhè jiàn shì
  이 일('件'은 사건 따위를 세는 말)
- 觉得 jué de
  생각하다, 느끼다

你 nǐ	休息 xiū xi	了吗？ le ma	당신은 쉬었나요?
	去学校 qù xué xiào		당신은 학교에 갔나요?
	买书 mǎi shū		당신은 책을 샀나요?
	做饭 zuò fàn		당신은 밥을 지었나요?

你最近 nǐ zuì jìn	怎么样? zěn me yàng	요즘 어떻습니까?
这件事 zhè jiàn shì		이 일이 어떻습니까?
你觉得这个 nǐ jué de zhè ge		이것에 대하여 어떻게 생각합니까?

113

1 구조조사 '的' 의 생략

◉ 한정어(명사를 수식하는 어휘를 한정어라고 한다)와 중심어(명사)로 이루어진 명사성 어구는 한정어와 중심어 사이에 구조조사 '的' 를 쓰지 않는다.

예 **好老师** 좋은 선생   **汉语书** 중국어 책
    hǎo lǎo shī   Hàn yǔ shū

    新书 새로운 책   **新职员** 새로운 직원
    xīn shū   xīn zhí yuán

◉ 수식어가 인칭대명사이고 가족, 친구, 소속단체일 경우 생략 가능하다.

예 **我妈妈** 우리 엄마   **我朋友** 내 친구
    wǒ mā mɑ   wǒ péng you

    我们学校 우리 학교
    wǒ men xué xiào

◉ 的가 두 번 이상 나올 경우 앞의 것은 생략 가능하다.

예 **她(的)孩子的衣服** 그녀 아이의 옷
    tā (de) hái zi de yī fu

1 대화를 완성하시오.

A 毕业以后想做什么？
  bì yè yǐ hòu xiǎng zuò shén me

B _____

A 要学什么？
  yào xué shén me

B _____

2 단어의 뜻을 쓰시오.

(1) 毕业   _____
    bì yè

(2) 以后   _____
    yǐ hòu

(3) 想   _____
    xiǎng

(4) 做   _____
    zuò

(5) 继续   _____
    jì xù

(6) 学习   _____
    xué xí

(7) 物理学   _____
    wù lǐ xué

---

1. B 我想继续学习。   B 我要学物理学。

2. (1)졸업   (2)이후   (3)~할 생각이다
   (4)(일을)하다, 종사하다   (5)계속   (6)공부하다
   (7)물리학

다시 한번 체크체크

1 중국어는 한국어로, 한국어는 중국어로 옮기시오.

(1) 你上哪个大学？ →_____
nǐ shàng nǎ ge dà xué

(2) 你的专业是什么？ →_____
nǐ de zhuān yè shì shén me

(3) 你去过中国吗？ →_____
nǐ qù guo Zhōng guó ma

(4) 考试考得好吗？ →_____
kǎo shì kǎo de hǎo ma

(5) 尤其是数学和物理太难了。 →_____
yóu qí shì shù xué hé wù lǐ tài nán le

(6) 중국어 공부는 재미있습니까? →_____

(7) 그저 그래요. →_____

(8) 학기말 시험은 언제 보니? →_____

(9) 졸업 후에는 뭐할 거니? →_____

(10) 무슨 공부 할 건데? →_____

(11) 힘내라. →_____

(12) 재미있습니다. →_____

2 단어의 뜻을 쓰시오.

(1) 想 _____ (2) 做 _____
xiǎng zuò

(3) 继续 _____ (4) 学习 _____
jì xù xué xí

(5) 什么时候 _____ (6) 期末考试 _____
shén me shí hou qī mò kǎo shì

(7) 下星期一 _____
xià xīng qī yī

(8) 加油 _____
jiā yóu

(9) 考试 _____
kǎo shì

(10) 马马虎虎 _____
mǎ ma hú hú

(11) 题 _____
tí

(12) 太 _____
tài

(13) 尤其 _____
yóu qí

(14) 数学 _____
shù xué

③ 중국어로 옮기시오.

(1) 이후 _____

(2) 전력을 다하다 _____

(3) 힘 _____

(4) 어렵다 _____

(5) 매우 _____

(6) 가다 _____

(7) 작년 _____

(8) 중국 _____

(9) 재미있다 _____

(10) ~한 적이 있다 _____

(11) 학년 _____

(12) 전공 _____

(13) 무슨, 무엇 _____

(14) 중국어 _____

🔵 해 답 ··

1. (1) 당신은 어느 대학에 다니세요? (2) 전공은 무엇입니까? (3) 중국에 가본 적 있으세요?
(4) 시험 잘 보셨나요? (5) 특히 수학하고 물리가 어려웠어요. (6) 学中文有意思吗？
(7) 马马虎虎。 (8) 什么时候期末考试呢？ (9) 毕业以后想做什么？ (10) 要学什么？
(11) 加油。 (12) 有意思。

2. (1) ~할 생각이다 (2) 하다 (3) 계속 (4) 공부하다 (5) 언제 (6) 기말고사 (7) 다음 주 월요일
(8) 힘내라 (9) 시험(보다) (10) 그저 그렇다 (11) 문제 (12) 매우 (13) 특히 (14) 수학

3. (1) 以后 (2) 尽 (3) 力量 (4) 难 (5) 太, 很 (6) 去 (7) 去年 (8) 中国
(9) 有意思 (10) 过 (11) 年级 (12) 专业 (13) 什么 (14) 汉语

从早到晚 아침부터 저녁까지

早上 아침
zǎo shang

起床 일어나서
qǐ chuáng

洗脸 세수하고
xǐ liǎn

吃早饭 아침 먹고
chī zǎo fàn

刷牙 양치하고
shuā yá

化装 화장하고
huà zhuāng

穿衣服 옷입고
chuān yī fu

上班／上学 출근하고／학교 가고
shàng bān/shàng xué

上午 오전
shàng wǔ

工作／学习 일하고／공부하고
gōng zuò / xué xí

下午 오후
xià wǔ

吃午饭 점심 먹고
chī wǔ fàn

放学 학교 끝나서
fàng xué

回家 집에 오고
huí jiā

晚上 저녁
wǎn shang

下班 퇴근하고
xià bān

回家 집에 돌아와서
huí jiā

吃晚饭 저녁 먹고
chī wǎn fàn

看电视 TV 보다가
kàn diàn shì

睡觉 잠을 잔다
shuì jiào

길 묻기

请问一下。   말씀 좀 여쭙겠습니다.

药局在哪儿？   약국은 어디 있습니까?

这辆公共汽车到博物馆吗？
이 버스가 박물관에 갑니까?

附近有百货公司吗？
근처에 백화점이 있습니까?

到北京火车站怎么走？
북경역은 어떻게 갑니까?

21 | 请问一下。
말씀 좀 여쭙겠습니다.

DIALOGUE

칭 원 이 샤
A 请问一下。
qǐng wèn yí xià

칭 수어
B 请说。
qǐng shuō

리 절 쭈이 찐 더 처 잔 짜이 날
A 离这儿最近的车站在哪儿？
lí zhèr zuì jìn de chē zhàn zài nǎr

지우 짜이 팡 비엔
B 就在旁边。
jiù zài páng bian

새 단어와 어구풀이 -

- 请问 qǐng wèn 말씀 좀 묻겠습니다
- 离 lí ~에서, ~로부터
- 近 jìn 가깝다
- 在 zài ~에 있다
- 就 jiù 바로

- 说 shuō 말하다
- 最 zuì 제일
- 车站 chēn zhàn 정거장
- 旁边 páng bian 옆쪽
- 哪儿 nǎr 어디

120

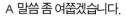

A 말씀 좀 여쭙겠습니다.

B 예, 말씀하십시오.

A 가장 가까운 버스정류장이 어디에 있죠?

B 바로 옆에 있습니다.

 문형 익히고 중국어를 쉽게!

단어 노트

- **车站** chē zhàn
  정거장
- **邮局** yóu jú
  우체국
- **那儿** nàr
  그곳, 저곳

A 你住在哪儿？
  nǐ zhù zài nǎr

당신은 어디에 사세요?

B 我住在 首尔。
  wǒ zhù zài Shǒu ěr

나는 서울에 살아요.

上海。
Shàng hǎi

나는 상해에 살아요.

江南区。
Jiāng nán qū

나는 강남구에 살아요.

你家	离	学校	远吗？
nǐ jiā	lí	xué xiào	yuǎn ma
公司		车站	
gōng sī		chē zhàn	
邮局		那儿	
yóu jú		nàr	

당신의 집은 학교에서 멀어요?

회사는 정거장에서 멀어요?

우체국은 그곳에서 멀어요?

121

1 一下의 용법

◉ 동작을 하는 시간이 매우 짧다는 것을 나타낸다.

　예　**你等一下, 我马上就来。** 잠시만 기다리세요. 금방 오겠습니다.
　　　nǐ děng yí xià　wǒ mǎ shàng jiù lái

◉ 좀 ~ 해보다

　예　**看一下。** 좀 보다
　　　kàn yí xià

　　　说一下。 말 좀 하다
　　　shuō yí xià

　　　吃一下。 좀 먹어 보자
　　　chī yí xià

◉ 돌연 일시의 뜻으로 짧은 시간의 느낌

　예　**一下冷, 一下热。** 갑자기 추웠다 갑자기 더웠다.
　　　yí xià lěng　yí xià rè

① 대화를 완성하시오.

A 请问一下。
　qǐng wèn yí xià

B _____

A 离这儿最近的车站在哪儿？
　lí zhèr zuì jìn de chē zhàn zài nǎr

B _____

② 단어의 뜻을 쓰시오.

(1) 请问 _____
　qǐng wèn

(2) 说 _____
　shuō

(3) 离 _____
　lí

(4) 最 _____
　zuì

(5) 车站 _____
　chē zhàn

(6) 在 _____
　zài

(7) 旁边 _____
　páng bian

(8) 就 _____
　jiù

(9) 哪儿 _____
　nǎr

(10) 近 _____
　jìn

---

1. B 请说。　　　　B 就在旁边。
2. (1)말씀 좀 묻겠습니다　(2)말하다　(3)～에서 ～로부터　(4)제일
　　(5)정거장　　　　　　(6)～에 있다　(7)옆쪽　　　　　(8)바로
　　(9)어디　　　　　　　(10)가깝다

22 药局在哪儿?

약국은 어디 있습니까?

DIALOGUE

야오 쥐 짜이 날
A 药局在哪儿?
yào jú zài nǎr

꾸아이 꾸어 취 지우 짜이 여우 비엔
B 拐过去就在右边。
guǎi guò qù jiù zài yòu bian

쩌우 루 야오 뚜어 창 스 지엔
A 走路要多长时间?
zǒu lù yào duō cháng shí jiān

우 펀 중 쭈어 여우
B 5分钟左右。
wǔ fēn zhōng zuǒ yòu

새 단어와 어구풀이

- 药局 yào jú 약국
- 过去 guò qù 지나가다
- 右边 yòu bian 오른쪽
- 时间 shí jiān 시간

- 拐 guǎi 모퉁이를 돌다
- 走路 zǒu lù 걸어가다
- 多长 duō cháng 얼마나
- 左右 zuǒ yòu 전후, 가량

A 약국은 어디 있습니까?

B 모퉁이 돌아서 오른쪽에 있습니다.

A 걸어서 얼마나 걸리죠?

B 5분 정도 걸립니다.

 문형 익히고 중국어를 쉽게!

단어 노트

· 飞机 fēi jī
  비행기
· 起飞 qǐ fēi
  이륙하다
· 开始 kāi shǐ
  시작하다
· 上课 shàng kè
  수업을 하다

我 wǒ	从 cóng	韩国去中国。 Hán guó qù Zhōng guó	나는 한국에서 중국으로 가요.
飞机 fēi jī		上海起飞。 Shàng hǎi qǐ fēi	비행기는 상해에서 이륙해요.
我们 wǒ men		三点开始上课。 sān diǎn kāi shǐ shàng kè	우리는 3시부터 수업을 시작해요.

| 商店 shāng diàn | 在 zài | 邮局的左边。 yóu jú de zuǒ bian | 상점은 우체국의 왼쪽에 있어요. |
| 邮局 yóu jú | | 图书馆的旁边。 tú shū guǎn de páng bian | 우체국은 도서관 옆에 있어요. |

125

1. 존재문 '有', '在' 의 구별

◉ 동사 '有', '在' 는 다 존재를 나타낼 수 있다. 이것들은 문장의 어순에 차이가 있다.

1) '有' 를 사용한 문장은 어떤 장소에 어떤 사람이나 사물이 존재함을 설명한다.

장소 + 有 + 존재하는 사람 · 사물(불특정)

예 **教室里**有**人。**　　　　　　교실에 사람이 있어요.
　　jiào shì li yǒu rén

　　东边有**一家医院。**　　　　동쪽에 병원 하나가 있어요.
　　dōng bian yǒu yì jiā yī yuàn

2) '在' 를 사용한 문장은 어떤 장소를 설명한다.

존재하는 사람 · 사물(특정) + 在 + 장소

예 **他们**在**教室里。**　　　　　그들은 교실에 있어요.
　　tā men zài jiào shì li

　　他的车子在**外边。**　　　　그의 자동차가 밖에 있다.
　　tā de chē zi zài wài bian

　　王老师在**宿舍里。**　　　　왕 선생님은 기숙사에 계신다.
　　Wáng lǎo shī zài sù shè li

※ 많은 사람 중에서 '그들', 수많은 차 중에서 '그의 차', 많은 선생님 중에 '왕 선생님' 이렇듯 주어가 한정적이고 특정적일 경우 在를 사용한 존재문을 사용하며, 그렇지 않을 경우 有를 사용한 존재문을 사용한다.

1 대화를 완성하시오.

A 药局在哪儿？
   yào jú zài nǎr

B _____

A 走路要多长时间？
   zǒu lù yào duō cháng shí jiān

B _____

2 단어의 뜻을 쓰시오.

(1) 药局 _____
   yào jú

(2) 拐 _____
   guǎi

(3) 就 _____
   jiù

(4) 过去 _____
   guò qù

(5) 走路 _____
   zǒu lù

(6) 右边 _____
   yòu bian

(7) 多长 _____
   duō cháng

(8) 时间 _____
   shí jiān

(9) 左右 _____
   zuǒ yòu

---

1. B 拐过去就在右边。 　　　　B 5分钟左右。

2. (1)약국　　　(2)모퉁이를 돌다　　(3)바로　　(4)지나가다
   (5)걸어가다　　(6)오른쪽　　(7)얼마나　　(8)시간　　　(9)전후, 가량

23 这辆公共汽车到博物馆吗?

이 버스가 박물관에 갑니까?

DIALOGUE

저 량 꿍 꿍 치 처 따오 보 우 꾸안 마
A 这辆公共汽车到博物馆吗?
zhè liàng gōng gòng qì chē dào bó wù guǎn ma

따오 보 우 꾸안 치엔 비엔
B 到博物馆前边。
dào bó wù guǎn qián bian

따오 잔   닌 넝 부 넝 까오 쑤 워 이 성
A 到站, 您能不能告诉我一声?
dào zhàn   nín néng bu néng gào sù wǒ yī shēng

커 이   부 융 딴 씬
B 可以, 不用担心。
kě yǐ   bú yòng dān xīn

새 단어와 어구풀이

- 辆 liàng ~대, ~량 (차량을 세는 양사)
- 博物馆 bó wù guǎn 박물관
- 能不能 néng bu néng 가능합니까?
- 声 shēng 마디 (소리를 나타내는 횟수를 나타냄)
- 不用 bú yòng ~할 필요없다

- 到 dào 도착하다
- 前边 qián bian 앞쪽
- 告诉 gào sù 알리다, 말하다
- 可以 kě yǐ 가능하다
- 担心 dān xīn 걱정하다

128

A 이 버스가 박물관에 갑니까?

B 예, 박물관 앞에 갑니다.

A 도착하면 좀 알려주시겠습니까?

B 그럼요, 걱정 마세요.

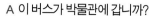 문형 익히고 중국어를 쉽게!

- **录音带**
  lù yīn dài
  녹음테이프
- **穿** chuān
  입다
- **件** jiàn
  (양사) 벌
- **毛衣** máo yī
  스웨터
- **问** wèn
  묻다

你是 **在哪儿买** 的？
nǐ shì zài nǎr mǎi de
당신은 어디에서 샀나요?

什么时候来
shén me shí hou lái
당신은 언제 왔어요?

从哪儿去
cóng nǎr qù
당신은 어디서 갔나요?

怎么来
zěn me lái
당신은 어떻게 왔나요?

你可以 **听听这个录音带。**
nǐ kě yǐ tīng ting zhè ge lù yīn dài
당신은 이 테이프를 들어볼 수 있어요.

穿穿这件毛衣。
chuān chuan zhè jiàn máo yī
당신은 이 스웨터를 입어볼 수 있어요.

问问那位先生。
wèn wen nà wèi xiān sheng
당신은 그 선생님에게 물어볼 수 있어요.

1 능원동사

● 동사 또는 형용사 앞에서 능력, 가능, 희망, 의지, 허가, 요구 등을 나타내는 조동사를 능원동
  사라고 한다. 능원동사는 항상 동사 앞에 놓인다. 부정형은 능원동사 앞에 '不' 를 붙인다.

能
어떤 일을 할 능력이나 조건이 갖추어져 있어서 할 수 있음을 뜻한다.
부정형은 '不能' 이다. 긍정 부정 의문문은 '能不能' 이다.

1) (형편상) ~할 수 있다

예 今天我能去。   오늘 나는 갈 수 있어요.
    jīn tiān wǒ néng qù

2) (능력이 있어서) ~할 수 있다

예 我能游三百米。   나는 300미터 수영을 할 수 있어요.
    wǒ néng yóu sān bǎi mǐ

3) (허가) ~해도 된다, ~해도 상관없다

예 我能看电视吗?   TV를 봐도 돼요?
    wǒ néng kàn diàn shì ma

2 정반의문문

동사나 형용사의 '긍정+부정' 을 이용하면 의문문을 만들 수 있다. 이런 의문문을 정반
의문문이라고 한다.

예 你喜欢不喜欢他?   그를 좋아하십니까?
    nǐ xǐ huan bu xǐ huan tā

    你去不去?   가십니까?
    nǐ qù bu qù

    这件衣服漂亮不漂亮?   이 옷 예쁜가요?
    zhè jiàn yī fu piào liang bu piào liang

1 대화를 완성하시오.

A 这辆公共汽车到博物馆吗？
zhè liàng gōng gòng qì chē dào bó wù guǎn ma

B _____

A 到站，您能不能告诉我一声？
dào zhàn nín néng bu néng gào sù wǒ yī shēng

B _____

2 단어의 뜻을 쓰시오.

(1) 辆 _____ (2) 到 _____
    liàng   dào

(3) 博物馆 _____ (4) 前边 _____
    bó wù guǎn   qián bian

(5) 能不能 _____ (6) 告诉 _____
    néng bu néng   gào sù

(7) 可以 _____ (8) 不用 _____
    kě yǐ   bú yòng

(9) 担心 _____ (10) 声 _____
    dān xīn   shēng

---

1. B 到博物馆前边。   B 可以，不用担心。

2. (1)대, 량   (2)도착하다   (3)박물관   (4)앞쪽
    (5)가능합니까?   (6)알리다, 말하다 (7)가능하다 (8)~할 필요없다
    (9)걱정하다   (10)마디

24 附近有百货公司吗？

근처에 백화점이 있습니까?

DIALOGUE

A 워 야오 마이 디얼 뚱 시
我要买点儿东西。
wǒ yào mǎi diǎnr dōng xi

B 야오 마이 뚱 시 마
要买东西吗？
yào mǎi dōng xi ma

A 스 더 푸 진 여우 바이 후어 꿍 스 마
是的。附近有百货公司吗？
shì de fù jìn yǒu bǎi huò gōng sī ma

B 짜이 인 항 허우 비엔
在银行后边。
zài yín háng hòu bian

새 단어와 어구풀이

- 要 yào 원하다, 요구하다, ~하려고 하다
- 点儿 diǎnr 조금, 약간
- 是的 shì de 그렇습니다
- 百货公司 bǎi huò gōng sī 백화점
- 后边 hòu bian 뒤쪽

- 买 mǎi 사다
- 东西 dōng xi 물건
- 附近 fù jìn 근처
- 银行 yín háng 은행

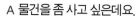

A 물건을 좀 사고 싶은데요.

B 쇼핑하시려고요?

A 네. 근처에 백화점이 있습니까?

B 은행 뒤에 있습니다.

 문형 익히고 중국어를 쉽게!

단어 노트

- **头疼** tóu téng
  머리 아프다
- **渴** kě
  목타다
- **冷** lěng
  춥다
- **条** tiáo
  (양사 : 가늘고 긴 것을 가르킴)
- **裤子** kù zi
  바지
- **长** cháng
  길다

我有点儿　头疼。
wǒ yǒu diǎnr　tóu téng

나는 머리가 약간 아파요.

渴。
kě

나는 목이 조금 말라요.

冷。
lěng

나는 조금 추워요.

这条裤子长　一点儿。
zhè tiáo kù zi cháng　yì diǎnr

이 바지는 조금 길어요.

请多吃
qǐng duō chī

좀 더 드세요.

1 点儿

◉ 点儿
약간, 조금, 소량을 나타내며 수사는 一와 半만이 올 수 있다. 회화에서 一는 생략된다.

주어 + 点儿 + 술어

예 我要买一点儿东西。 물건을 좀 사려고 한다.
wǒ yào mǎi yì diǎnr dōng xi

→ 我要买点儿东西。
wǒ yào mǎi diǎnr dōng xi

◉ 一点儿   一会儿   一些의 차이

1) 一点儿 조금(물질) yì diǎnr

예 吃了一点儿。 조금 먹었다.
chī le yì diǎnr

2) 一会儿 잠시(시간) yí huìr

예 睡了一会儿。 잠시 잤다.
shuì le yí huìr

3) 一些 약간(부정량) yì xiē

예 卖了一些。 약간 팔았다.
mài le yì xiē

1 대화를 완성하시오.

A 我要买点儿东西。
wǒ yào mǎi diǎnr dōng xi

B _____

A 是的。附近有百货公司吗？
shì de   fù jìn yǒu bǎi huò gōng sī ma

B _____

2 단어의 뜻을 쓰시오.

(1) 买　　 _____　　(2) 点儿　　 _____
　　mǎi　　　　　　　　　　　　　　　diǎnr

(3) 东西　 _____　　(4) 是的　　 _____
　　dōng xi　　　　　　　　　　　　　shì de

(5) 附近　 _____　　(6) 百货公司 _____
　　fù jìn　　　　　　　　　　　　　bǎi huò gōng sī

(7) 银行　 _____　　(8) 后边　　 _____
　　yín háng　　　　　　　　　　　　hòu bian

---

1. B 要买东西吗?　　　　　B 在银行后边。

2. (1)사다　　　　(2)조금, 약간　　(3)물건　　　(4)그렇습니다
　　　(5)근처　　　(6)백화점　　　　(7)은행　　　(8)뒤쪽

25 | 到北京火车站怎么走？
북경역은 어떻게 갑니까?

DIALOGUE

A 따오 베이 징 후어 처 잔 쩐 머 쩌우
到北京火车站怎么走？
dào Běi jīng huǒ chē zhàn zěn me zǒu

B 닌 야오 쭈어 꿍 꿍 치 처 취 하이 스 쭈어 추 쭈 처 취
您要坐公共汽车去还是坐出租车去？
nín yào zuò gōng gòng qì chē qù hái shì zuò chū zū chē qù

A 야오 쭈어 꿍 꿍 치 처 취
要坐公共汽车去。
yào zuò gōng gòng qì chē qù

B 나 머 쭈어 싼 싼 야오 루 처 바
那么，坐331路车吧!
nà me zuò sān sān yāo lù chē ba

새 단어와 어구풀이

- 北京火车站 Běi jīng huǒ chē zhàn 북경역
- 怎么 zěn me 어떻게
- 出租车 chū zū chē 택시
- 那么 nà me 그럼
- 还是 hái shì 또는, 아니면

- 走 zǒu (걸어)가다
- 公共汽车 gōng gòng qì chē 버스
- 坐 zuò (탈것에)타다
- 路 lù 노선

A 북경역은 어떻게 갑니까?

B 버스를 타실 건가요 택시를 타실 건가요?

A 버스를 탈 겁니다.

B 그럼, 331번 버스를 타세요.

 문형 익히고 중국어를 쉽게!

단어 노트

- 写 xiě
  쓰다
- 作业 zuò yè
  숙제
- 说话 shuō huà
  말을 하다

你怎么没 nǐ zěn me méi	吃完 chī wán	饭? fàn	당신은 왜 밥을 다 먹지 않았어요?
	说完 shuō wán	话? huà	당신은 왜 말을 다 하지 않았어요?
	看完 kàn wán	电视? diàn shì	당신은 왜 텔레비전을 다 보지 않았어요?
	写完 xiě wán	作业? zuò yè	당신은 왜 숙제를 다 하지 않았어요?

你 nǐ	听完 tīng wán	了 le	没有? méi yǒu	당신은 다 들었나요?
	说完 shuō wán	了 le	没有? méi yǒu	당신은 말을 다 했나요?
	听 tīng	没 méi	听完? tīng wán	당신은 다 들었어요?
	说 shuō	没 méi	说完? shuō wán	당신은 말을 다 했나요?

137

1 숫자 읽기

● 三三一(싼싼야오) 전화번호나 차량 번호 등은 하나씩 끊어 읽는 것이 일반적이다. 즉 삼백삼십일로 읽는 것보다 삼삼일로 읽는 것이 자연스럽다. 그리고 '一(이)'는 '야오(yāo)'라고도 읽는데 그것은 정확히 전달하기 위한 것으로 우리도 전화번호 따위를 말할 때 '일(1)'을 '하나'라고 하는 것과 같다.

一 일 yī	二 이 èr	三 삼 sān	四 사 sì	五 오 wǔ	六 육 liù
七 칠 qī	八 팔 bā	九 구 jiǔ	十 십 shí	十一 십일 shí yī	十五 십오 shí wǔ
二十 이십 èr shí	五十 오십 wǔ shí	一百 백 yì bǎi	一千 천 yì qiān	一万 만 yí wàn	

2 100 이상 숫자를 읽는 법

100 yì bǎi	101 yì bǎi líng yī	1000 yì qiān	1001 yì qiān líng yī
1010 yì qiān líng yī shí	1100 yì qiān yì bǎi	1111 yì qiān yì bǎi yī shì yī	10000 yí wàn

1 대화를 완성하시오.

A 到北京火车站怎么走？
dào Běi jīng huǒ chē zhàn zěn me zǒu

B _____

A 要坐公共汽车去。
yào zuò gōng gòng qì chē qù

B _____

2 단어의 뜻을 쓰시오.

(1) 北京火车站 _____   (2) 走 _____
Běi jīng huǒ chē zhàn   zǒu

(3) 怎么 _____   (4) 公共汽车 _____
zěn me   gōng gòng qì chē

(5) 出租车 _____   (6) 坐 _____
chū zū chē   zuò

(7) 那么 _____   (8) 路 _____
nà me   lù

(9) 还是 _____
hái shì

---

1. B 您要坐公共汽车去还是坐出租车去？ B 那么，坐331路车吧。

2. (1)북경역   (2)(걸어)가다   (3)어떻게   (4)버스
(5)택시   (6)타다   (7)그럼   (8)노선
(9)또는, 아니면

다시한번 체크체크

1 중국어는 한국어로, 한국어는 중국어로 옮기시오.

(1) 到北京火车站怎么走？ →_____
dào Běi jīng huǒ chē zhàn zěn me zǒu

(2) 附近有百货公司吗？ →_____
fù jìn yǒu bǎi huò gōng sī ma

(3) 这辆公共汽车到博物馆吗？ →_____
zhè liàng gōng gòng qì chē dào bó wù guǎn ma

(4) 药局在哪儿？ →_____
yào jú zài nǎr

(5) 请问一下。 →_____
qǐng wèn yí xià

(6) 가장 가까운 버스정류장이 어디에 있죠? →_____

(7) 모퉁이 돌아서 오른쪽에 있습니다. →_____

(8) 도착하면 좀 알려주시겠습니까? →_____

(9) 은행 뒤에 있습니다. →_____

(10) 버스 타고 갈 겁니다. →_____

2 단어의 뜻을 쓰시오.

(1) 走 _____
zǒu

(2) 怎么 _____
zěn me

(3) 公共汽车 _____
gōng gòng qì chē

(4) 出租车 _____
chū zū chē

(5) 坐 _____
zuò

(6) 右边 _____
yòu bian

(7) 过去 _____
guò qù

(8) 走路 _____
zǒu lù

(9) 买 _____
mǎi

(10) 可以 _____
kě yǐ

3 중국어로 옮기시오.

(1) 말씀 좀 묻겠습니다 _____

(2) 옆쪽 _____ (3) 뒤쪽 _____

(4) 시간 _____ (5) 정도 _____

(6) 물건 _____ (7) 은행 _____

(8) 앞쪽 _____ (9) 걱정하다 _____

(10) 약간, 조금 _____ (11) 근처 _____

4 단어를 알맞게 배열하시오.

(1) 走 / 怎么 / 北京火车站 / 到
　　zǒu　zěn me　Běi jīng huǒ chē zhàn　dào

→ _____

(2) 要 / 我 / 买 / 东西 / 点儿
　　yào　wǒ　mǎi　dōng xi　diǎnr

→ _____

(3) 时间 / 要 / 走 / 路 / 多 / 长
　　shí jiān　yào　zǒu　lù　duō　cháng

→ _____

해 답 ....

1. (1) 북경역은 어떻게 갑니까?　(2) 근처에 백화점이 있습니까?　(3) 이 버스가 박물관에 갑니까?
　(4) 약국은 어디에 있습니까?　(5) 말씀 좀 여쭤겠습니다.　(6) 离这儿最近的车站在哪儿？
　(7) 拐过去就在右边。　(8) 到站,您能不能告诉我一声？　(9) 在银行后边。
　(10) 要坐公共汽车去。

2. (1) 가다　(2) 어떻게　(3) 버스　(4) 택시　(5) 타다　(6) 오른쪽　(7) 지나가다　(8) 걸어가다
　(9) 사다　(10) 가능하다

3. (1) 请问一下　(2) 旁边　(3) 后边　(4) 时间　(5) 左右　(6) 东西　(7) 银行　(8) 前边
　(9) 担心　(10) (一)点儿　(11) 附近

4. (1) 到北京火车站怎么走？　(2) 我要买点儿东西。　(3) 走路要多长时间？

위치

医院的左边是银行。 병원의 왼쪽은 은행이다.
yī yuàn de zuǒ bian shì yín háng

医院的右边是药店。 병원의 오른쪽은 약국이다.
yī yuàn de yòu bian shì yào diàn

药店的旁边是KFC。 약국 옆은 KFC이다.
yào diàn de páng bian shì KFC[Kěn dé jī]

KFC的对面是电影院。 KFC 건너편은 영화관이다.
KFC[Kěn dé jī] de duì miàn shì diàn yǐng yuàn

电影院的旁边是中国餐馆。 영화관 옆은 중국식당이다.
diàn yǐng yuàn de páng bian shì Zhōng guó cān guǎn

商店在餐馆的左边。 상점은 식당 왼쪽에 있다.
shāng diàn zài cān guǎn de zuǒ bian

学校的附近有很多书店和文具店。 학교 부근에 많은 서점과 문구점이 있다.
xué xiào de fù jìn yǒu hěn duō shū diàn hé wén jù diàn

公寓在学校对面。 아파트는 학교 건너편에 있다.
gōng yù zài xué xiào duì miàn

我家就在那儿。 저의 집은 바로 저기에 있다.
wǒ jiā jiù zài nàr

쇼핑

这个多少钱？	이거 얼마입니까?
你在找哪一种？	어떤 종류를 찾고 계시죠?
您要什么？	무엇을 도와드릴까요?
太贵了。	너무 비싸요!
要送礼吗？	선물하실 건가요?

26 这个多少钱？
이거 얼마입니까?

DIALOGUE

커 이 칸 이 샤 마
A 可以看一下吗？
kě yǐ kàn yí xià ma

커 이   칭 쑤이 비엔 칸 이 샤
B 可以。请随便看一下。
kě yǐ   qǐng suí biàn kàn yí xià

저 거 뚜어 사오 치엔
A 这个多少钱？
zhè ge duō shao qián

얼 스 콰이 치엔
B 20块钱。
èr shí kuài qián

◗ 새 단어와 어구풀이

• 可以 kě yǐ ~해도 좋다
• 随便 suí biàn 마음대로, 자유로이
• 钱 qián 돈

• 看 kàn 보다
• 多少 duō shao 얼마
• 块 kuài 위안(화폐 단위)

A 이것 좀 봐도 될까요?

B 네, 구경하세요.

A 이거 얼마입니까?

B 20위안입니다.

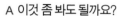 문형 익히고 중국어를 쉽게!

단어 노트

- 小时 xiǎo shí
  시간
- 分钟 fēn zhōng
  분
- 一个月
  yí ge yuè
  한 달
- 追不上
  zhuī bu shàng
  따라잡지 못하다
- 没用 méi yòng
  소용 없다

我们等了
wǒ men děng le

一个小时。
yí ge xiǎo shí
우리는 한 시간 동안 기다렸어요.

十分钟。
shí fēn zhōng
우리는 십분 동안 기다렸어요.

一个月。
yí ge yuè
우리는 한 달 동안 기다렸어요.

再 快 也
zài kuài yě

追不上了。
zhuī bu shàng le
아무리 빨라도 따라잡지 못 합니다.

晚
wǎn

得等。
děi děng
아무리 늦어도 기다려야 합니다.

哭
kū

没用。
méi yòng
울어 봤자 소용 없습니다.

1 중국의 화폐

◉ 중국의 화폐를 인민폐(人民币, RMB)라 한다. 금액 단위는 '元 yuán', '角 jiǎo', '分 fēn' 세 가지가 있는데, 구어체에서는 '块 kuài', '毛 máo', '分 fēn'을 주로 쓴다. 모두 십진법을 기본으로 한다. '块', '毛', '分'이 마지막 위치에 올 때에는 '钱'을 붙여 말할 수도 있고 아니면 '毛'나 '分'을 생략하여 말하지 않을 수도 있다.

• 금액을 읽는 방법

10.00	10.05	10.50	10.55
十块	十块零五分	十块五(毛)	十块五毛五(分)
shí kuài	shí kuài líng wǔ fēn	shí kuài wǔ (máo)	shí kuài wǔ máo wǔ (fēn)

인민폐 10위안 이내에서 '2'가 단독으로 쓰일 때에는 반드시 '两'으로 읽어야 한다.

2.00	0.20	0.02
两块	两毛	两分
liǎng kuài	liǎng máo	liǎng fēn

'2'가 마지막에 쓰이면 '二'로 읽는다.

2.20	2.22
两块二	两块二毛二
liǎng kuài èr	liǎng kuài èr máo èr

1 대화를 완성하시오.

A _____

B 可以。请随便看一下。
　kě yǐ　qǐng suí biàn kàn yí xià

A _____

B 20块钱。
　èr shí kuài qián

2 단어의 뜻을 쓰시오.

(1) 可以 _____
　　kě yǐ

(2) 看 _____
　　kàn

(3) 随便 _____
　　suí biàn

(4) 多少 _____
　　duō shao

(5) 钱 _____
　　qián

(6) 块 _____
　　kuài

---

1. A 可以看一下吗?　A 这个多少钱?
2. (1)~해도 좋다　(2)보다　(3)마음대로　(4)얼마
　(5)돈　(6)위안

27 | 你在找哪一种？

어떤 종류를 찾고 계시죠?

DIALOGUE

니 짜이 자오 나 이 중
A 你在找哪一种？
nǐ zài zhǎo nǎ yì zhǒng

워 야오 지엔 쿠 쯔
B 我要件裤子。
wǒ yào jiàn kù zi

저 지엔 쩐 머 양
A 这件怎么样？
zhè jiàn zěn me yàng

하이 커 이
B 还可以。
hái kě yǐ

새 단어와 어구풀이

- 在 zài ~ 하고 있다
- 种 zhǒng 종류
- 裤子 kù zi 바지
- 还 hái 그만하면, 그런대로
- 找 zhǎo 찾다
- 件 jiàn 건(일, 사건 개체의 사물을 세는 양사)
- 怎么样 zěn me yàng 어떻습니까?
- 可以 kě yǐ 좋다, 괜찮다

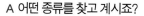

A 어떤 종류를 찾고 계시죠?

B 바지를 사고 싶은데요.

A 이건 어떠세요?

B 괜찮네요.

🐟🔊 문형 익히고 중국어를 쉽게!

단어 노트

• **慢** màn
  느리다
• **晚** wǎn
  늦다
• **起床** qǐ chuáng
  일어나다

A 他会说英语吗?
  tā huì shuō Yīng yǔ ma

그는 영어를 할 줄 알아요?

B 他   会说一点儿。
  tā   huì shuō yì diǎnr

그는 영어를 조금 할 줄 알아요.

          很会说。
          hěn huì shuō

그는 영어를 아주 잘 해요.

          不会说。
          bú huì shuō

그는 영어를 할 줄 몰라요.

他   说话说得很快。
tā   shuō huà shuō de hěn kuài

그는 말을 매우 빨리 해요.

          吃饭吃得很慢。
          chī fàn chī de hěn màn

그는 밥을 매우 느리게 먹어요.

          睡觉睡得很晚。
          shuì jiào shuì de hěn wǎn

그는 잠을 매우 늦게 자요.

          起床起得很早。
          qǐ chuáng qǐ de hěn zǎo

그는 매우 일찍 일어나요.

149

1 전치사(介詞)의 용법

◉ 전치사(개사)와 그 목적어로 구성되는 문장은 전치사구를 구성해 문장에서 부사어의 역할을 하기도 한다. 전치사구는 서술어가 되는 동사나 형용사 앞에 놓여야 한다.

주어 + 전치사 + 목적어 + 동사(형용사)

1) 在: ~에(서) ~을 한다.

예 他在银行工作。   그는 은행에서 근무해요.
　　tā zài yín háng gōng zuò

　　我在大学学习。   나는 대학교에서 공부해요.
　　wǒ zài dà xué xué xí

2) 到: ~에, ~(으)로, ~까지(동작이 미치는 곳)

예 你到哪儿去？　당신은 어디로 가요?　　我到餐厅去。　나는 식당에 가요.
　　nǐ dào nǎr　 qù　　　　　　　　　　　wǒ dào cān tīng qù

3) 从: ~부터(장소, 시간의 출발점)

예 从这儿去很近。   여기에서 가면 아주 가까워요.
　　cóng zhèr qù hěn jìn

　　从三点开始上课。   3시부터 수업을 시작해요.
　　cóng sān diǎn kāi shǐ shàng kè

4) 离: ~에서, ~로부터, ~까지(공간, 시간상 두 지점 사이의 거리를 계산하는 기점)

예 我家离学校很近。   저의 집은 학교에서 매우 가까워요.
　　wǒ jiā lí xué xiào hěn jìn

　　离上课还有五分钟。   수업시간까지 아직 5분이 남았어요.
　　lí shàng kè hái yǒu wǔ fēn zhōng

5) 往: ~를 향해, ~쪽으로

예 请往前走。　앞으로 가십시요.　　你往左边看吧。　왼쪽을 보세요.
　　qǐng wǎng qián zǒu　　　　　　　nǐ wǎng zuǒ bian kàn ba

1 대화를 완성하시오.

A 你在找哪一种？
nǐ zài zhǎo nǎ yì zhǒng

B _____

A 这件怎么样？
zhè jiàn zěn me yàng

B _____

2 단어의 뜻을 쓰시오.

(1) 在 _____ (2) 找 _____
zài   zhǎo

(3) 种 _____ (4) 件 _____
zhǒng   jiàn

(5) 裤子 _____ (6) 怎么样 _____
kù zi   zěn me yàng

(7) 还 _____ (8) 可以 _____
hái   kě yǐ

---

1. B 我要件裤子。   B 还可以。
2. (1)~하고 있다   (2)찾다   (3)종류   (4)건
   (5)바지   (6)어떻습니까?   (7)그런대로   (8)좋다

28 您要什么？
무엇을 도와드릴까요?

DIALOGUE

닌 야오 션 머
A 您要什么？
nín yào shén me

워 야오 따 이 디엔 더
B 我要大一点的。
wǒ yào dà yì diǎn de

이엔 써 시 환 마
A 颜色喜欢吗？
yán sè xǐ huan ma

시 환　게이 워 칸 이엔 써 껀 타 이 양 딴 따 이 하오 더
B 喜欢。给我看颜色跟它一样但大一号的。
xǐ huan gěi wǒ kàn yán sè gēn tā yí yàng dàn dà yí hào de

⸺⸺ 새 단어와 어구풀이 ⸺⸺⸺⸺⸺⸺⸺⸺⸺⸺⸺⸺⸺⸺⸺⸺⸺

- 什么 shén me 무엇
- 喜欢 xǐ huan 좋아하다
- 跟~一样 gēn yí yàng ～와 같다
- 它 tā 그, 그것(동물이나 사물을 나타낼 때 쓴다)
- 号 hào 등급번호, 등급의 표시

- 大 dà 크다
- 颜色 yán sè 색깔

- 但 dàn 그러나

152

A 무엇을 도와드릴까요?

B 좀더 큰 사이즈로 사고 싶습니다.

A 색상은 마음에 드십니까?

B 예, 같은 색으로 한 치수 큰 걸 보여주십시오.

 문형 익히고 중국어를 쉽게!

단어 노트

- 火车 huǒ chē
  기차
- 骑 qí
  타다
- 摩托车
  mó tuō chē
  오토바이

A 你怎么去上海？
　nǐ zěn me qù Shàng hǎi

당신은 상해에 어떻게 갑니까?

B 我　坐飞机　去。
　wǒ　zuò fēi jī　qù

나는 비행기를 타고 가요.

　　坐火车
　　zuò huǒ chē

나는 기차를 타고 가요.

　　骑摩托车
　　qí mó tuō chē

나는 오토바이를 타고 가요.

这 zhè	不过是 bú guò shì	草稿。 cǎo gǎo
那 nà		一个样品。 yí ge yàng pǐn
我 wǒ		一名小职员。 yì míng xiǎo zhí yuán

이건 단지 초안에 불과합니다.

저건 단지 샘플에 불과합니다.

저는 새내기 직원에 불과합니다.

1 '是…的' 의 구조

◉ '是…的' 는 과거에 이미 발생한 동작의 시간, 장소, 방법 등을 강조하는 데 사용된다.
'是…的' 의 구문은 구어체에서 때때로 '是' 를 생략할 수 있지만, '的' 를 생략할 수는 없다. 부정문에서 '不' 는 '是' 앞에 놓는다.

> 예 **시간** 我是昨天来的。 나는 어제 왔어요.
> wǒ shì zuó tiān lái de
>
> **장소** 我们是从上海来的。 우리는 상해에서 왔어요.
> wǒ men shì cóng Shàng hǎi lái de
>
> **방법** 我们是坐飞机来的。 우리는 비행기를 타고 왔어요.
> wǒ men shì zuò fēi jī lái de
>
> **방법** 我是跟朋友一起去的。 나는 친구와 함께 갔어요.
> wǒ shì gēn péng you yì qǐ qù de

◉ 的 뒤의 피수식어 생략
한 문장 속에 같은 피수식어가 중복되는 경우 的 뒤의 피수식어를 생략할 수 있다. 이 경우 的는 우리말의 '~것' 으로 해석된다.

> 예 **这本杂志是她的**(杂志)。 이 잡지는 그녀의 것이다.
> zhè běn zá zhì shì tā de (zá zhì)

◉ 문장을 이해하는 데 지장이 없는 경우에도 생략 가능
본문을 예로 들면 '给我看颜色跟它一样但大一号的。' 의 的 뒤에도 피수식어가 생략되었다. 그것이 무엇인지는 몰라도 화자들 간에는 서로 알고 있는 사항이어서 말하지 않아도 문장을 이해하는 데는 지장이 없다. 그래서 생략된 것이다.

1 대화를 완성하시오.

A 您要什么？
nín yào shén me

B _____

A 颜色喜欢吗？
yán sè xǐ huan ma

B _____

2 단어의 뜻을 쓰시오.

(1) 什么 _____
shén me

(2) 大 _____
dà

(3) 喜欢 _____
xǐ huan

(4) 颜色 _____
yán sè

(5) 跟～一样 _____
gēn yí yàng

(6) 号 _____
hào

---

1. B 我要大一点的。　　B 喜欢。给我看颜色跟它一样但大一号的。

2. (1)무슨　　　(2)크다　　　(3)좋아하다　　　(4)색깔
　 (5)～와 같다　　(6)등급번호, 등급의 표시

29 太贵了。
너무 비싸요.

DIALOGUE

A 喜欢这个东西吗？
시 환 저 거 뚱 시 마
xǐ huān zhè ge dōng xi ma

B 喜欢是喜欢，不过太贵了。便宜点儿吧！
시 환 스 시 환 부 꾸어 타이 꾸이 러 피엔 이 디얼 바
xǐ huan shì xǐ huān bú guò tài guì le pián yi diǎnr ba

A 给你打9折。不能再便宜了。
게이 니 다 지우 저 부 넝 짜이 피엔 이 러
gěi nǐ dǎ jiǔ zhé bù néng zài pián yi le

B 谢谢。
씨에 씨에
xiè xie

해 석

A 이 물건이 마음에 드십니까?

B 좋긴한데, 너무 비싸네요. 좀 싸게 주십시오.

A 10% 깎아드리겠습니다. 더 이상은 안 됩니다.

B 고맙습니다.

문형 익히고 중국어를 쉽게!

단어 노트

- **英国** Yīng guó
  영국
- **菜** cài
  요리, 반찬,
  음식, 야채
- **好看** hǎo kàn
  보기 좋다,
  재미있다
- **好听** hǎo tīng
  듣기 좋다

我 | 看过 | 他两次。
wǒ | kàn guo | tā liǎng cì

나는 그를 두 번 본 적이 있어요.

去过 | 一次英国。
qù guo | yí cì Yīng guó

나는 영국에 한번 가 본 적이 있어요.

坐过 | 一次飞机。
zuò guo | yí cì fēi jī

나는 비행기를 한번 타 본 적이 있어요.

我从来没 | 吃过 | 这么 | 好吃 | 的 | 菜。
wǒ cóng lái méi | chī guo | zhè me | hǎo chī | de | cài

나는 이렇게 맛있는 음식을 지금까지 먹어본 적이 없어요.

看过 | 好看 | 电影。
kàn guo | hǎo kàn | diàn yǐng

나는 이렇게 재미있는 영화를 지금까지 본 적이 없어요.

听过 | 好听 | 音乐。
tīng guo | hǎo tīng | yīn yuè

나는 이렇게 듣기 좋은 음악을 지금까지 들어본 적이 없어요.

1 A是A

⦿ '비록 ~ 하지만'의 뜻으로 但是, 不过 등과 어울려 쓰인다.

> 예 好是好，但是小了点儿。   좋긴 한데 조금 작다.
> hǎo shì hǎo   dàn shì xiǎo le diǎnr
>
> 去是去，可不是现在去。   가긴 가나 지금 갈 것은 아니다.
> qù shì qù   kě bú shì xiàn zài qù

2 발음 연구

⦿ 便宜(피엔이)의 便(피엔)은 뜻에 따라 그 발음이 변한다. '편리하다'의 의미일 경우 biàn(삐엔)으로, '싸다'의 의미일 때는 pián(피엔)으로 발음된다.

> 예 便宜   편리, 편의
> biàn yí
>
> 便宜   싸다, 깎아주다
> pián yi

> TIP
>
> 打九折   10% 할인
> dǎ jiǔ zhé
>
> 打八折   20% 할인
> dǎ bā zhé
>
> 打七折   30% 할인
> dǎ qī zhé

158

1 대화를 완성하시오.

A 喜欢这个东西吗？
xǐ huan zhè ge dōng xi ma

B _____

A 给你打9折。不能再便宜了。
gěi nǐ dǎ jiǔ zhé bù néng zài pián yi le

B _____

2 다음 단어의 뜻을 쓰시오.

(1) 不过 _____ (2) 太 _____
   bú guò   tài

(3) 贵 _____ (4) 便宜 _____
   guì   pián yi

(5) 打折 _____ (6) 不能 _____
   dǎ zhé   bù néng

(7) 再 _____ (8) 喜欢 _____
   zài   xǐ huan

---

1. B 喜欢是喜欢，不过太贵了。便宜点儿吧！ B 谢谢。

2. (1)그러나   (2)매우   (3)비싸다   (4)싸다
　　(5)깎아주다   (6)~할 수 없다   (7)더 이상   (8)좋아하다

要送礼吗？

선물하실 건가요?

DIALOGUE

워 야오 마이 저 즈 깡 비
A 我要买这支钢笔。
wǒ yào mǎi zhè zhī gāng bǐ

야오 쑹 리 마
B 要送礼吗？
yào sòng lǐ ma

스 더　　　쑹 게이 워 얼 쯔
A 是的。送给我儿子。
shì de　　sòng gěi wǒ ér zi

나 머　　게이 닌 빠오 주앙 이 샤
B 那么，给您包装一下。
nà me　　gěi nín bāo zhuāng yí xià

새 단어와 어구풀이

- 要 yào 원하다, ~하려고 하다
- 钢笔 gāng bǐ 만년필
- 送给 sòng gěi 주다, 선사하다
- 支 zhī 자루(가늘고 긴 물건을 세는 단위)
- 送礼 sòng lǐ 선물하다
- 包装 bāo zhuāng 포장하다

A 이 만년필을 사고 싶습니다.

B 선물하실 건가요?

A 네, 아들에게 줄 겁니다.

B 그럼, 포장해 드리겠습니다.

 문형 익히고 중국어를 쉽게!

단어 노트

- 瘦 shòu
  마르다
- 便宜 pián yi
  싸다
- 大款 dà kuǎn
  큰 재산가
- 双胞胎
  shuāng bāo tāi
  쌍둥이

他的个子　又　高　又　瘦。
tā de gè zi　yòu　gāo　yòu　shòu

그는 키가 크고도 마르다.

这个商店的东西　便宜　好。
zhè ge shāng diàn de dōng xi　pián yi　hǎo

이 상점의 물건은 싸고도 좋다.

他字写得　好　快。
tā zì xiě de　hǎo　kuài

그는 글을 잘 쓰면서도 빨리 쓴다.

他　肯定是　大款。
tā　kěn dìng shì　dà kuǎn

그 사람은 틀림없이 부자입니다.

这　他干的。
zhè　tā gàn de

그의 짓임이 분명합니다.

她俩　双胞胎。
tā liǎ　shuāng bāo tāi

그녀 둘은 틀림없이 쌍둥이입니다.

161

1 양사(量詞)

◉ 중국어의 양사는 종류도 많고 쓰임도 복잡하다. 양사 중에서 가장 널리 쓰이는 양사는 '个'이다. 그리고 명사에 쓰이는 양사는 사물의 성질이나 형상에 따라 각각 정해져 있어서 바꿔 쓸 수 없다.

个 개 ge	书包 책가방 shū bāo	面包 빵 miàn bāo	苹果 사과 píng guǒ
本 권 běn	书 책 shū	词典 사전 cí diǎn	杂志 잡지 zá zhì
位 분 wèi	老师 선생님 lǎo shī	医生 의사 yī shēng	客人 손님 kè rén
只 마리 zhī	猫 고양이 māo	狗 강아지 gǒu	鸟 새 niǎo
把 자루 bǎ	一把刀子 칼 한 자루 yì bǎ dāo zi	一把伞 우산 하나 yì bǎ sǎn	
辆 대 liàng	一辆汽车 자동차 한 대 yí liàng qì chē	一辆自行车 자전거 한 대 yí liàng zì xíng chē	
条 길 tiáo	一条路 한 갈래 길 yì tiáo lù	一条河 한 줄기 강 yì tiáo hé	
张 장 zhāng	一张纸 종이 한 장 yì zhāng zhǐ	一张桌子 탁자 하나 yì zhāng zhuō zi	
件 벌 jiàn	一件事 한 건의 일 yí jiàn shì	一件衣服 옷 한 벌 yí jiàn yī fu	
片 조각 piàn	一片肉 고기 한 조각 yí piàn ròu	一片药 약 한 알 yí piàn yào	

1 대화를 완성하시오.

A 我要买这支钢笔。
wǒ yào mǎi zhè zhī gāng bǐ

B _____

A 是的。送给我儿子。
shì de   sòng gěi wǒ ér zi

B _____

2 단어의 뜻을 쓰시오.

(1) 支 _____
zhī

(2) 钢笔 _____
gāng bǐ

(3) 送礼 _____
sòng lǐ

(4) 送给 _____
sòng gěi

(5) 包装 _____
bāo zhuāng

(6) 要 _____
yào

---

1. B 要送礼吗？   B 那么，给您包装一下。

2. (1)자루   (2)만년필   (3)선물하다   (4)주다
(5)포장하다   (6)원하다

163

다시한번 체크체크

1 중국어는 한국어로, 한국어는 중국어로 옮기시오.

(1) 可以看一下吗？
kě yǐ kàn yí xià ma

→ _____

(2) 这件怎么样？
zhè jiàn zěn me yàng

→ _____

(3) 我要大一点的。
wǒ yào dà yì diǎn de

→ _____

(4) 要送礼吗？
yào sòng lǐ ma

→ _____

(5) 10%로 깎아 드리겠습니다.

→ _____

(6) 색상은 마음에 드십니까?

→ _____

(7) 이건 어떠세요?

→ _____

(8) 이 만년필을 사고 싶습니다.

→ _____

(9) 괜찮네요.

→ _____

(10) 어떤 종류를 찾고 계세요?

→ _____

2 단어의 뜻을 쓰시오.

(1) 送礼 _____
sòng lǐ

(2) 送给 _____
sòng gěi

(3) 不过 _____
bú guò

(4) 太 _____
tài

(5) 贵 _____
guì

(6) 便宜 _____
pián yi

(7) 打折 _____
dǎ zhé

(8) 不能 _____
bù néng

(9) 什么 _____
shén me

(10) 颜色 _____
yán sè

3 중국어로 옮기시오.

(1) 돈　　　_____　　(2) 보다　　　_____

(3) 얼마　　_____　　(4) 마음대로　_____

(5) 찾다　　_____　　(6) 바지　　　_____

(7) 만년필　_____　　(8) 종류　　　_____

4 단어를 알맞게 배열하시오.

(1) 支 / 我 / 买 / 钢笔 / 要 / 这
　　zhī　wǒ　mǎi　gāng bǐ　yào　zhè

→_____

(2) 吗 / 这个 / 喜欢 / 东西
　　ma　zhè ge　xǐ huan　dōng xi

→_____

(3) 找 / 在 / 种 / 你 / 哪一
　　zhǎo　zài　zhǒng　nǐ　nǎ yī

→_____

해답 ....

1. (1) 좀 볼 수 있나요?　(2) 이것은 어떻습니까?　(3) 좀더 큰 것을 사고 싶습니다.
　(4) 선물하실 건가요?　(5) 给你打9折。　(6) 颜色喜欢吗？　(7) 这件怎么样？
　(8) 我要买这支钢笔。　(9) 还可以。　(10) 您在找哪一种？

2. (1) 선물하다　(2) 주다　(3) 그러나　(4) 매우　(5) 비싸다　(6) 싸다　(7) 할인하다
　(8) ~할 수 없다　(9) 무슨, 무엇　(10) 색상

3. (1) 钱　(2) 看　(3) 多少　(4) 随便　(5) 找　(6) 裤子　(7) 钢笔　(8) 种

4. (1) 我要买这支钢笔。　(2) 喜欢这个东西吗？　(3) 你在找哪一种？

好看 예쁘다 hǎo kàn	难看 못생겼다 nán kàn
宽 넓다 kuān	窄 좁다 zhǎi
高 높다 gāo	低 낮다 dī
大 크다 dà	小 작다 xiǎo
长 길다 cháng	短 짧다 duǎn
远 멀다 yuǎn	近 가깝다 jìn
重 무겁다 zhòng	轻 가볍다 qīng
多 많다 duō	少 적다 shǎo
忙 바쁘다 máng	闲 한가하다 xián
胖 뚱뚱하다 pàng	瘦 말랐다 shòu
热 뜨겁다 rè	凉 차다 liáng
热 덥다 rè	冷 춥다 lěng
厚 두껍다 hòu	薄 얇다 báo

은행

请您填一下这张款单。
예금신청서를 작성해 주십시오.

我要把旅行支票换现金。
여행자수표를 현금으로 바꾸고 싶습니다.

我要取钱。　　　　돈을 인출하고 싶습니다.

我要寄钱。　　　　송금을 하고 싶습니다.

我忘了密码。　　　비밀번호를 잊어버렸습니다.

DIALOGUE

워 야오 춘 치엔
A 我要存钱。
wǒ yào cún qián

야오 춘 뚜어 사오
B 要存多少？
yào cún duō shao

우 바이 메이 위엔
A 500美元。
wǔ bǎi měi yuán

칭 닌 티엔 이 샤 저 장 쿠안 딴
B 请您填一下这张款单。
qǐng nín tián yí xià zhè zhāng kuǎn dān

새 단어와 어구풀이

- 存钱 cún qián 예금하다
- 填 tián 채우다
- 张 zhāng 넓고 평형한 것을 셀 때 쓰는 양사
- 美元 měi yuán 달러
- 款单 kuǎn dān 양식

168

A 예금을 하고 싶습니다.

B 얼마를 예금하실 건가요?

A 500달러요.

B 이 예금신청서를 작성해 주십시오.

 문형 익히고 중국어를 쉽게!

단어 노트

- 送来 sòng lai
  보내다
- 拿来 ná lai
  가져오다
- 逛街 guàng jiē
  쇼핑하다
- 喝 hē
  마시다
- 茶 chá
  차
- 可乐 kě lè
  콜라
- 打排球
  dǎ pái qiú
  배구를 하다
- 打篮球
  dǎ lán qiú
  농구를 하다

我马上 | 下去。
wǒ mǎ shàng | xià qu
금방 내려갈게요.

送来。
sòng lai
금방 보낼게요.

拿来。
ná lai
금방 가져올게요.

你要 | 看电影 | 还是要 | 逛街？
nǐ yào | kàn diàn yǐng | hái shì yào | guàng jiē

당신은 영화를 볼래요 아니면 쇼핑을 할래요?

喝茶 | 喝可乐？
hē chá | hē kě lè

당신은 차를 마실래요 아니면 콜라를 마실래요?

打排球 | 打篮球？
dǎ pái qiú | dǎ lán qiú

당신은 배구를 할래요 아니면 농구를 할래요?

1 用'多'字的各种表达 ─ 多를 이용한 여러 가지 표현 ─

你的个子有多高？
nǐ de gè zi yǒu duō gāo

당신의 키가 어떻게 돼요?

你的体重有多重？
nǐ de tǐ zhòng yǒu duō zhòng

당신의 몸무게가 얼마나 돼요?

这条路有多长？
zhè tiáo lù yǒu duō cháng

이 길이 얼마나 길어요?

这件衣服有多贵？
zhè jiàn yī fu yǒu duō guì

이 옷은 가격이 얼마나 비싸요?

这本书有多厚？
zhè běn shū yǒu duō hòu

이 책의 두께가 얼마나 두꺼워요?

你的书包有多大？
nǐ de shū bāo yǒu duō dà

당신 책가방 사이즈는 얼마나 커요?

你家有多远？
nǐ jiā yǒu duō yuǎn

당신 집까지 거리는 얼마나 멀어요?

这杯咖啡有多浓？
zhè bēi kā fēi yǒu duō nóng

이 커피의 농도는 얼마나 진해요?

① 대화를 완성하시오.

A 我要存钱。
wǒ yào cún qián

B _____

A 500美元。
wǔ bǎi měi yuán

B _____

② 단어의 뜻을 쓰시오.

(1) 存钱   _____
cún qián

(2) 填   _____
tián

(3) 款单   _____
kuǎn dān

(4) 美元   _____
měi yuán

---

1. B 要存多少？   B 请您填一下这张款单。

2. (1)예금하다   (2)채우다   (3)양식   (4)달러

32 | 我要把旅行支票换现金。

여행자수표를 현금으로 바꾸고 싶습니다.

DIALOGUE

워 야오 바 뤼 싱 즈 피아오 환 시엔 찐
A 我要把旅行支票换现金。
wǒ yào bǎ lǔ xíng zhī piào huàn xiàn jīn

칭 게이 워 칸 닌 더 후 자오
B 请给我看您的护照。
qǐng gěi wǒ kàn nín de hù zhào

게이 닌 후 자오
A 给您护照。
gěi nín hù zhào

씨에 씨에   짜이 절 치엔 밍 이 샤
B 谢谢。在这儿签名一下。
xiè xie   zài zhèr qiān míng yí xià

새 단어와 어구풀이

· 把 bǎ ~을
· 换 huàn 바꾸다
· 护照 hù zhào 여권
· 签名 qiān míng 서명하다

· 旅行支票 lǔ xíng zhī piào 여행자 수표
· 现金 xiàn jīn 현금
· 在这儿 zài zhèr 여기에

A 여행자수표를 현금으로 바꾸고 싶습니다.

B 여권 좀 보여주시겠습니까?

A 여기 여권 있습니다.

B 감사합니다. 여기에 서명해 주십시오.

문형 익히고 중국어를 쉽게!

단어 노트

- 一声 yì shēng 한 마디
- 登记 dēng jì 등록하다
- 下载 xià zài 다운로드
- 黑板 hēi bǎn 칠판
- 作业 zuò yè 숙제

只要
zhǐ yào

| 你说一声, | 我们就去 。 |
| nǐ shuō yì shēng | wǒ men jiù qù |

당신이 말을 하면, 우리가 즉시 갈게요.

| 天气好, | 我们就出去玩吧。 |
| tiān qì hǎo | wǒ men jiù chū qu wán ba |

날씨가 좋으면, 우리 즉시 놀러 나가자.

| 你登记, | 就可以下载 。 |
| nǐ dēng jì | jiù kě yǐ xià zài |

당신은 등록하기만 하면 바로 다운로드를 할 수 있어요

今天的饭　　都　　吃得完。 오늘 음식을 다 먹을 수 있어요.
jīn tiān de fàn　　dōu　　chī de wán

黑板上的字　　　　看得见。 칠판의 글자를 다 볼 수 있어요.
hēi bǎn shang de zì　　kàn de jiàn

外边说的话　　　　听得到。 밖에서 하는 말을 들을 수 있어요.
wài bian shuō de huà　　tīng de dào

今天的作业　　　　写得完。 오늘의 숙제를 다 쓸 수 있어요.
jīn tiān de zuò yè　　xiě de wán

1 把 ~ 换

◉ 把 ~ 换   ~를 ~로 바꾸다

예 把美元换人民币。   달러를 인민폐(RMB)로 바꾸다.
bǎ měi yuán huàn rén mín bì

把韩币换美元。   한화를 달러로 바꾸다.
bǎ hán bì huàn měi yuán

◉ 吧(ba)와 把(bǎ)를 혼돈하지 말자. 발음은 같지만 성조가 다르고 그 역할 또한 다르다. 吧 는 문미에 붙는 어기조사이고, 把는 목적어를 동사 앞으로 도치시키는 역할을 한다.

예 走吧!   가자.   把书打开! 책을 펴라.
zǒu ba   bǎ shū dǎ kāi

2 경성 (轻声)

◉ 중국 표준어의 일부 음절은 가볍고 짧게 발음한다. 성조 표기가 붙지 않고, 반드시 2음 절 이후에 나온다. 앞에 오는 음절의 성조에 따라 그 높이가 다르게 발음된다.

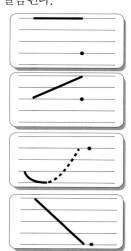

(1) 제1성 뒤

高的 gāo de 높은   低的   dī de   낮은

(2) 제2성 뒤

胡子 hú zi 수염   儿子   ér zi   아들

(3) 제3성 뒤

好吧 hǎo ba 좋다   走吧   zǒu ba   가자

(4) 제4성 뒤

去了 qù le 갔다   忘了   wàng le 잊었다

1 대화를 완성하시오.

A 我要把旅行支票换现金。
wǒ yào bǎ lǚ xíng zhī piào huàn xiàn jīn

B _____

A 给您护照。
gěi nín hù zhào

B _____

2 단어의 뜻을 쓰시오.

(1) 把 _____
bǎ

(2) 旅行支票 _____
lǚ xíng zhī piào

(3) 换 _____
huàn

(4) 现金 _____
xiàn jīn

(5) 护照 _____
hù zhào

(6) 在这儿 _____
zài zhèr

(7) 签名 _____
qiān míng

---

1. B 请给我看您的护照。　　 B 谢谢。在这儿签名一下。

2. (1)~을 　　　(2)여행자수표 　　(3)바꾸다 　　(4)현금
(5)여권 　　　(6)여기에 　　(7)서명하다

175

33 | 我要取钱。
돈을 인출하고 싶습니다.

DIALOGUE

A 我要取钱。
워 야오 취 치엔
wǒ yào qǔ qián

B 给您美金还是人民币？
게이 닌 메이 찐 하이 스 런 민 삐
gěi nín měi jīn hái shì rén mín bì

A 给我人民币。
게이 워 런 민 삐
gěi wǒ rén mín bì

B 给您。 请您数一数。
게이 닌 칭 닌 수 이 수
gěi nín qǐng nín shǔ yi shǔ

새 단어와 어구풀이

· 取钱 qǔ qián (은행에서)돈을 찾다
· 人民币 rén mín bì 인민폐(RMB)
· 还是 hái shì 또는, 아니면(의문문에 쓰여 선택을 나타냄)

· 美金 měi jīn 달러
· 数 shǔ 세다

A 돈을 인출하고 싶습니다.

B 달러로 드릴까요, 인민폐로 드릴까요?

A 인민폐로 주십시오.

B 여기 있습니다. 확인해 보십시오.

문형 익히고 중국어를 쉽게!

단어 노트

• 同岁 tóng suì
  동갑

我跟你一样
wǒ gēn nǐ yí yàng

大。
dà

나는 당신과 나이가 같아요.

同岁。
tóng suì

나는 당신과 동갑이에요.

我比你
wǒ bǐ nǐ

大两岁。
dà liǎng suì

나는 당신보다 두 살 많아요.

大多了。
dà duō le

나는 당신보다 훨씬 나이가 많아요.

大得多。
dà de duō

나는 당신보다 나이가 훨씬 많아요.

我   有
wǒ   yǒu

你那么有钱。
nǐ nà me yǒu qián

나는 당신만큼 돈이 있어요.

没有
méi yǒu

나는 당신만큼 돈이 없어요.

1 성조에 따라 뜻이 변해요

◉ 数shǔ, shù(수)는 그 뜻에 따라 성조가 변한다. '세다' '하나하나 계산하다' 의 뜻일 때는
shǔ(3성)이며 수(数)를 나타낼 때는 shù(4성)이다.

예 数 一 数　　　세어보다
shǔ yi shǔ

数 学　　　　수학
shù xué

数 字　　　　숫자
shù zì

2 은행 용어

◉ 定 期 存 款　　정기예금
dìng qī cún kuǎn

活 期 存 款　　보통예금
huó qī cún kuǎn

取 钱　　　　(은행에서)돈을 찾다
qǔ qián

存 钱　　　　예금하다
cún qián

换 钱　　　　환전하다
huàn qián

1 대화를 완성하시오.

A 我要取钱。
wǒ yào qǔ qián

B ＿＿＿＿＿＿＿＿＿＿＿

A 给我人民币。
gěi wǒ rén mín bì

B ＿＿＿＿＿＿＿＿＿＿＿

2 단어의 뜻을 쓰시오.

(1) 取钱 ＿＿＿＿＿＿＿
qǔ qián

(2) 美金 ＿＿＿＿＿＿＿
měi jīn

(3) 人民币 ＿＿＿＿＿＿＿
rén mín bì

(4) 数 ＿＿＿＿＿＿＿
shǔ

---

1. B 给您美金还是人民币。　　　B 给您。　请您数一数。

2. (1)돈을 찾다　　　(2)달러　　　(3)인민폐　　　(4)세다

34 我要寄钱。

송금을 하고 싶습니다.

DIALOGUE

워 야오 지 치엔

A 我要寄钱。
  wǒ yào jì qián

짜이 절 칭 티엔 시에 칭 추 닌 더 밍 쯔 허 후 자오 하오 마

B 在这儿, 请填写清楚您的名字和护照号码。
  zài zhèr qǐng tián xiě qīng chu nín de míng zi hé hù zhào hào mǎ

짜오 러 시에 추어 러

A 糟了, 写错了。
  zāo le xiě cuò le

메이 꾸안 시 짜이 티엔 이 장 바

B 没关系, 再填一张吧。
  méi guān xi zài tián yì zhāng ba

새 단어와 어구풀이

• 寄钱 jì qián 송금하다
• 填写 tián xiě 써넣다
• 护照号码 hù zhào hào mǎ 여권번호
• 再 zài 다시

• 清楚 qīng chu 분명하다
• 糟 zāo 야단나다, 잘못되다
• 名字 míng zi 이름

해 석

A 송금을 하고 싶습니다.

B 여기에 성함과 여권번호를 정확히 적어주세요.

A 아이구! 잘못 썼네요.

B 괜찮습니다. 다시 한 장 쓰십시오.

 문형 익히고 중국어를 쉽게!

단어 노트

- **长** zhǎng
  생기다, 성장하다
- **漂亮** piào liang
  예쁘다
- **帅** shuài
  멋지다

妹妹
mèi mei

长得比我漂亮。
zhǎng de bǐ wǒ piào liang

동생이 나보다 예뻐요.

比我长得漂亮。
bǐ wǒ zhǎng de piào liang

동생이 나보다 예뻐요.

他除了
tā chú le

有钱
yǒu qián

以外,
yǐ wài

人也长得很帅。
rén yě zhǎng de hěn shuài

그 사람은 돈이 있는 것 외에, 또 잘 생겼어요.

会说汉语,
huì shuō Hàn yǔ

还会说英语。
hái huì shuō Yīng yǔ

그 사람은 중국어를 하는 것 외에, 영어도 할 줄 알아요.

181

1 결과보어

◉ 동사 뒤에 붙어 동작의 결과가 어떠한가를 표시하는 보어

① 错는 결과보어로 쓰여 동작의 결과가 틀렸음을 표시한다.

> 예 说错了　　틀리게 말했다.　　　听错了　　잘못 들었다.
> 　　shuō cuò le　　　　　　　　　tīng cuò le

② 对는 동작의 결과가 옳음을 나타낸다.

> 예 说对了　　맞게 말했다.　　　写对了　　맞게 썼다.
> 　　shuō duì le　　　　　　　　xiě duì le

③ 完은 동작이 모두 끝났음을 표시한다.

> 예 报告写完了　　보고서를 다 썼다.
> 　　bào gào xiě wán le
>
> 　　我讲完了　　나는 말을 다했다.
> 　　wǒ jiǎng wán le

2 자주 쓰는 결과보어 및 가능보어

看到 kàn dào	보이다	看得到 kàn de dào	볼 수 있다
听见 tīng jiàn	들리다	听得见 tīng de jiàn	들을 수 있다
吃惯 chī guàn	먹는 데 익숙해지다	吃得惯 chī de guàn	입맛에 맞을 수 있다
卖完 mài wán	매진되다	卖得完 mài de wán	다 팔 수 있다
睡着 shuì zháo	잠들다	睡得着 shuì de zháo	잠을 잘 수 있다
吃饱 chī bǎo	배불리 먹다	吃得饱 chī de bǎo	배불리 먹을 수 있다

① 대화를 완성하시오.

A 我要寄钱。
wǒ yào jì qián

B _____

A 糟了，写错了。
zāo le　　xiě cuò le

B _____

② 단어의 뜻을 쓰시오.

(1) 寄钱　　_____
jì qián

(2) 清楚　　_____
qīng chu

(3) 填写　　_____
tián xiě

(4) 糟　　_____
zāo

(5) 护照号码　　_____
hǔ zhào hào mǎ

(6) 名字　　_____
míng zi

---

1. B 在这儿，请填写清楚您的名字和护照号码。　　B 没关系，再填一张吧。

2. (1)송금하다　　　(2)분명하다　　(3)써넣다　　(4)야단나다
　　(5)여권번호　　　(6)이름

35 | 我忘了密码。

비밀번호를 잊어버렸습니다.

DIALOGUE

A 我忘了密码。
워 왕 러 미 마
wǒ wàng le mì mǎ

B 给我看您的存折和身份证。
게이 워 칸 닌 더 춘 저 허 션 펀 정
gěi wǒ kàn nín de cún zhé hé shēn fèn zhèng

A 要很长时间吗?
야오 헌 창 스 지엔 마
yào hěn cháng shí jiān ma

B 不, 我马上给你办。
뿌 워 마 상 게이 니 빤
bù wǒ mǎ shàng gěi nǐ bàn

새 단어와 어구풀이 --------------------------------

- 忘 wàng 잊어버리다
- 存折 cún zhé 저금통장
- 马上 mǎ shàng 곧
- 长 cháng (시간, 공간적으로)길다

- 密码 mì mǎ 비밀번호
- 身份证 shēn fèn zhèng 신분증
- 办 bàn 처리하다

A 비밀번호를 잊어버렸습니다.

B 통장과 신분증을 보여주십시오.

A 오래 걸립니까?

B 아니오. 곧 처리해 드리겠습니다.

 문형 익히고 중국어를 쉽게!

你汉语学了多长时间了？　　　당신은 중국어를 얼마 동안 배웠어요?
nǐ Hàn yǔ xué le duō cháng shí jiān le

我汉语学了　三十分钟　了。　나는 중국어를 30분 배웠어요.
wǒ Hàn yǔ xué le　sān shí fēn zhōng　le

半个小时　나는 중국어를 30분 배웠어요.
bàn ge xiǎo shí

一个钟头　나는 중국어를 한 시간 배웠어요.
yí ge zhōng tóu

一个月　나는 중국어를 한 달 배웠어요.
yí ge yuè

一天　나는 중국어를 하루 배웠어요.
yì tiān

一年　나는 중국어를 일년 배웠어요.
yì nián

我　看　了　三个小时的　电视。　나는 텔레비전을 3시간 보았어요.
wǒ　kàn　le　sān ge xiǎo shí de　diàn shì

听　音乐。　나는 음악을 3시간 들었어요.
tīng　yīn yuè

读　书。　나는 책을 3시간 읽었어요.
dú　shū

185

1 성조에 따라 뜻이 변해요

◉ 长은 뜻에 따라 발음과 성조가 변한다. 장점, 특기, 길다의 의미일 때는 cháng(창/2성)으로 발음한다.

예 长短   길이
   cháng duǎn

    长处   장점
   cháng chu

'(나이가)많다' , '자라다' , '성장하다' 일 때는 zhǎng(장/3성)으로 발음한다.

예 长大   자라다
   zhǎng dà

2 어휘 연구

◉ 잊어버리다 忘(왕)와 잃어버리다 丢(띠우)

예 我忘了他。   나는 그를 잊었다.
   wǒ wàng le tā

    我丢了钱。   돈을 잃어버렸다.
   wǒ diū le qián

1 대화를 완성하시오.

A 我忘了密码。
wǒ wàng le mì mǎ

B _____

A 要很长时间吗?
yào hěn cháng shí jiān ma

B _____

2 단어의 뜻을 쓰시오.

(1) 忘 _____
wàng

(2) 密码 _____
mì mǎ

(3) 存折 _____
cún zhé

(4) 身份证 _____
shēn fèn zhèng

(5) 马上 _____
mǎ shàng

(6) 办 _____
bàn

(7) 长 _____
cháng

---

1. B 给我看您的存折和身份证。   B 不. 我马上给你办。

2. (1)잊어버리다   (2)비밀번호   (3)통장   (4)신분증
(5)곧   (6)처리하다   (7)길다

다시한번 체크체크

1 중국어는 한국어로, 한국어는 중국어로 옮기시오.

(1) 请您填一下这张款单。 → _____
   qǐng nín tián yí xià zhè zhāng kuǎn dān

(2) 谢谢。在这儿签名一下。 → _____
   xiè xie   zài zhèr qiān míng yí xià

(3) 给我人民币。 → _____
   gěi wǒ rén mín bì

(4) 我要寄钱。 → _____
   wǒ yào jì qián

(5) 我忘了密码。 → _____
   wǒ wàng le mì mǎ

(6) 아이구! 잘못 썼습니다. → _____

(7) 오래 걸립니까? → _____

(8) 여기 있습니다. 확인해 보십시오. → _____

(9) 여기 여권 있습니다. → _____

(10) 예금을 하고 싶습니다. → _____

2 단어의 뜻을 쓰시오.

(1) 取钱 _____   (2) 密码 _____
   qǔ qián   mì mǎ

(3) 马上 _____   (4) 办 _____
   mǎ shàng   bàn

(5) 长 _____   (6) 换 _____
   cháng   huàn

(7) 现金 _____   (8) 护照 _____
   xiàn jīn   hù zhào

(9) 在这儿 _____   (10) 签名 _____
   zài zhèr   qiān míng

③ 중국어로 옮기시오.

(1) 통장 _____   (2) 신분증 _____

(3) 인민폐 _____   (4) 달러 _____

(5) 여행자수표 _____   (6) 양식 _____

④ 단어를 알맞게 배열하시오.

(1) 护照 / 的 / 给 / 我 / 您 / 看 / 请
    hù zhào de gěi wǒ nín kàn qǐng

    → _____

(2) 把 / 现金 / 要 / 我 / 换 / 旅行支票
    bǎ xiàn jīn yào wǒ huàn lǚ xíng zhī piào

    → _____

(3) 您 / 还是 / 给 / 人民币 / 美金
    nín hái shì gěi rén mín bì měi jīn

    → _____

(4) 马上 / 办 / 我 / 你 / 给
    mǎ shàng bàn wǒ nǐ gěi

    → _____

(5) 身份证 / 给 / 看 / 我 / 您的 / 和 / 存折
    shēn fèn zhèng gěi kàn wǒ nín de hé cún zhé

    → _____

해 답 ....

1. (1) 예금신청서를 작성해 주십시오. (2) 감사합니다. 여기에 서명해 주십시오. (3) 인민폐로 주세요.
   (4) 송금을 하려고 합니다. (5) 비밀번호를 잊어버렸습니다. (6) 糟了，写错了。
   (7) 要很长时间吗？ (8) 给您，请您数一数。 (9) 给您护照。 (10) 我要存钱。

2. (1) 돈을 찾다 (2) 비밀번호 (3) 곧 (4) 처리하다 (5) 길다 (6) 바꾸다 (7) 현금 (8) 여권
   (9) 여기에 (10) 서명하다

3. (1) 存折 (2) 身份证 (3) 人民币 (4) 美元 (5) 旅行支票 (6) 款单

4. (1) 请给我看您的护照。 (2) 我要把旅行支票换现金。 (3) 给您人民币还是美金？
   (4) 我马上给你办。 (5) 给我看您的身份证和存折。

因特网 인터넷
yīn tè wǎng

对话框 대화상자
duì huà kuàng

覆盖 덮어쓰기
fù gài

退出 로그아웃
tuì chū

链接 링크
liàn jiē

病毒 바이러스
bìng dú

双击 더블클릭
shuāng jī

单击 클릭
dān jī

杀毒软件 백신프로그램
shā dú ruǎn jiàn

预览 미리보기
yù lǎn

数字 디지털
shù zì

公告板 게시판
gōng gào bǎn

臭虫, 错误 버그
chòu chóng cuò wù

光标 커서
guāng biāo

下载 다운로드
 xià zài

域名 도메인네임
yù míng

初始化 포맷
chū shǐ huà

常见问题 FAQ
cháng jiàn wèn tí

剽窃 해킹
piāo qiè

图标 아이콘
tú biāo

关键词 키워드
quān jiàn cí

网民 네티즌
wǎng mín

우체국

- 要几天？　　　　얼마나 걸립니까?

- 我要寄挂号信。　　등기우편으로 해주십시오.

- 我要把信寄到韩国。
  한국으로 편지를 보내려고 합니다.

- 我寄的包裹没人收到。
  제가 보낸 소포를 받지 못했다고 합니다.

- 寄特快专递是这儿吗？
  특급우편을 보내는 곳이 여기입니까?

36 | 要几天？
얼마나 걸립니까?

DIALOGUE

A 워 야오 지 빠오 구어
我要寄包裹。
wǒ yào jì bāo guǒ

B 여우 핑 지엔 허 콰이 지엔
有平件和快件。
yǒu píng jiàn hé kuài jiàn

A 야오 지 티엔
要几天？
yào jǐ tiān

B 지 핑 지엔 야오 쓰 우 티엔 지 콰이 지엔 야오 량 싼 티엔
寄平件要四、五天，寄快件要两、三天。
jì píng jiàn yào sì wǔ tiān jì kuài jiàn yào liǎng sān tiān

새 단어와 어구풀이

- 要 yào 필요하다
- 包裹 bāo guǒ 소포
- 快件 kuài jiàn 빠른우편
- 天 tiān 날

- 寄 jì (우편으로) 부치다, 보내다
- 平件 píng jiàn 보통우편
- 几 jǐ 얼마, 몇

A 소포를 보내려고 합니다.

B 보통우편과 빠른 우편이 있습니다.

A 얼마나 걸립니까?

B 보통우편으로는 4~5일, 빠른 우편으로는 2~3일 걸립니다.

在医院里 병원에서

头疼
tóu téng
머리가 아프다
(두통)

胃疼
wèi téng
위가 아프다
(위통)

腰疼
yāo téng
허리가 아프다
(요통)

嗓子疼
sǎng zi téng
목이 아프다

流鼻水
liú bí shuǐ
콧물이 흐르다

发烧
fā shāo
열이 나다

发冷
fā lěng
한기가 나다

咳嗽
ké sou
기침하다

恶心
ě xīn
구역질이 나다

牙疼
yá téng
이가 아프다

打针
dǎ zhēn
주사를 맞다

吃药
chī yào
약을 먹다

挂号
guà hào
접수하다

领药
lǐng yào
약을 타다

1 의문대명사를 묻는 의문문

◉ 의문대명사로 묻는 의문문에는 일반 의문문에서 쓰는 '吗 ma'를 쓸 수 없습니다. 의문대명사는 무엇을 묻느냐에 따라 주어, 관형어, 목적어의 자리에 올 수 있습니다. 의문사에는 다음과 같은 것들이 있습니다.

사람(누구)	谁 shéi
사물(무엇)	什么 shén me
시간(언제)	什么时候 shén me shí hou
무엇(어느)	哪 nǎ
장소(어느 곳)	哪儿 nǎr
상태(어떠하다)	怎么样 zěn me yàng
날짜, 요일, 숫자(몇)	几 jǐ
값, 전화번호(몇)	多少 duō shao

2 얼마나 걸립니까?

◉ **要几天?**
  yào jǐ tiān
  얼마나 걸립니까?(며칠 걸립니까?)

  要多长时间?
  yào duō cháng shí jiān
  얼마나 걸립니까?

1 대화를 완성하시오.

A 我要寄包裹。
wǒ yào jì bāo guǒ

B _____

A 要几天？
yào jǐ tiān

B _____

2 단어의 뜻을 쓰시오.

(1) 包裹 _____
bāo guǒ

(2) 平件 _____
píng jiàn

(3) 快件 _____
kuài jiàn

(4) 几 _____
jǐ

(5) 天 _____
tiān

(6) 寄 _____
jì

---

1. B 有平件和快件。　　B 寄平件要四、五天．寄快件要两、三天。

2. (1)소포　　　　(2)보통우편　　　(3)빠른우편　　(4)얼마, 몇
　　(5)날　　　　(6)부치다

37 | 我要寄挂号信。

등기우편으로 해주십시오.

DIALOGUE

A 워 야오 지 꽈 하오 씬
我要寄挂号信。
wǒ yào jì guà hào xìn

B 빠오 구어 리 미엔 스 션 머
包裹里面是什么？
bāo guǒ lǐ mian shì shén me

A 지 번 수
几本书。
jǐ běn shū

B 저 빠오 구어 데이 청 이 샤
这包裹得称一下。
zhè bāo guǒ děi chēng yí xià

◖ 새 단어와 어구풀이 ┄┄┄┄┄┄┄┄┄┄┄┄┄┄┄┄┄┄┄┄┄┄┄┄┄

- 挂号信 guà hào xìn 등기우편
- 书 shū 책
- 得 děi ~해야 한다
- 几 jǐ 몇

- 里面 lǐ mian 안쪽
- 本 běn 권 (책을 세는 양사)
- 称 chēng 무게를 달다

A 등기우편으로 해주십시오.

B 소포의 내용물은 무엇입니까?

A 책입니다.

B 무게를 달아야 합니다.

天气 날씨

暖和
nuǎn huo
따뜻하다

很热
hěn rè
매우 덥다

凉快
liáng kuai
시원하다

很冷
hěn lěng
매우 춥다

晴天
qíng tiān
맑은 날

阴天
yīn tiān
흐린 날

雨天
yǔ tiān
비오는 날

刮风
guā fēng
바람이 불다

打雷
dǎ léi
천둥치다

闪电
shǎn diàn
번개가 치다

下雪
xià xuě
눈이 내리다

大雾
dà wù
짙은 안개

沙尘暴
shā chén bào
황사

1 양사

◉ 支 zhī 가는 막대기 모양인 것

예 **一支铅笔** 연필 한 자루　　**一支烟** 담배 한 개비
yì zhī qiān bǐ　　　　　　　yì zhī yān

座 zuò 묵직한 것

예 **一座山** 산 하나　　**一座楼** 빌딩 한 채
yí zuò shān　　　　　　yí zuò lóu

架 jià 기계나 틀로 구성된 것

예 **一架飞机** 비행기 한 대
yí jià fēi jī

棵 kē 그루터기나 줄기

예 **一棵树** 나무 한 그루　　**一棵白菜** 배추 한 포기
yì kē shù　　　　　　　yì kē bái cài

块 kuài 덩어리로 된 것

예 **一块石头** 돌 한 개　　**一块土** 흙 한 덩어리
yí kuài shí tou　　　　　yí kuài tǔ

封 fēng 편지, 봉한 물건 등

예 **一封信** 편지 한 통
yì fēng xìn

双 shuāng 두 개가 한 쌍인 것

예 **一双鞋** 신발 한 켤레　　**一双筷子** 젓가락 한 벌
yì shuāng xié　　　　　　yì shuāng kuài zi

확 **인** **하** **고** **넘** **어** **가** **요**

① 대화를 완성하시오.

A 我要寄挂号信。
wǒ yào jì guà hào xìn

B _____

A 几本书。
jǐ běn shū

B _____

② 단어의 뜻을 쓰시오.

(1) 挂号信 _____
guà hào xìn

(2) 里面 _____
lǐ mian

(3) 书 _____
shū

(4) 本 _____
běn

(5) 得 _____
děi

(6) 称 _____
chēng

(7) 几 _____
jǐ

---

1. B 包裹里面是什么？ B 这包裹得称一下。
2. (1)등기우편 (2)안쪽 (3)책 (4)권
   (5)~해야 한다 (6)무게를 달다 (7)몇, 얼마

199

38 | 我要把信寄到韩国。
한국으로 편지를 보내려고 합니다.

DIALOGUE

A 워 야오 바 씬 지 따오 한 구어
我要把信寄到韩国。
wǒ yào bǎ xìn jì dào Hán guó

B 지 쿵 윈 하이 스 하이 윈
寄空运还是海运？
jì kōng yùn hái shì hǎi yùn

A 쿵 윈 중 쭈이 콰이 더 뚜어 사오 치엔
空运中最快的多少钱？
kōng yùn zhōng zuì kuài de duō shao qián

B 쓰 스 우 콰이
45块。
sì shí wǔ kuài

새 단어와 어구풀이

- 韩国 Hán guó 한국
- 海运 hǎi yùn 배편
- 快 kuài 빠르다
- 中 zhōng ~중에
- 空运 kōng yùn 항공편
- 最 zuì 제일
- 块 kuài 위안

A 한국으로 편지를 보내려고 합니다.

B 항공편으로 부치실 건가요, 아니면 배편으로 부치실 건가요?

A 항공편으로 가장 빠른 우편은 얼마죠?

B 45위안입니다.

交通工具 교통수단

公共汽车
gōng gòng qì chē
버스

火车
huǒ chē
기차

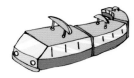

地铁
dì tiě
지하철

出租汽车
chū zū qì chē
택시

轿车
jiào chē
자가용

摩托车
mó tuō chē
오토바이

自行车
zì xíng chē
자전거

卡车
kǎ chē
트럭

走路
zǒu lù
걸어가다

飞机
fēi jī
비행기

1 把구문 ①

◉ 把를 사용하여 빈어(목적어)를 동사 앞으로 도치시키는 경우가 있다. 이런 구문을 把구
문이라고 한다. 어떤 사물에 대해 처치를 가하거나 그 처치의 결과를 강조할 때 쓰이는
형식이다.

> 예 我把这件事忘了。　나는 이 일을 잊어버렸다.(把구문)
> wǒ bǎ zhè jiàn shì wàng le
>
> 我忘了这件事。　나는 이 일을 잊어버렸다.(일반동사 술어문)
> wǒ wàng le zhè jiàn shì

2 선택의문문

◉ 두 개나 둘 이상의 선택 항목을 제시하고 그 중 하나를 대답하는 사람이 선택하는 의문문
을 '선택의문문' 이라고 한다. 주로 다음의 형태를 취하며 '是' 는 생략되는 경우가 많고
'还是' 를 반복하여 선택 항목을 늘린다. 세 개 이상의 선택일 때는 마지막 선택 항목 앞
의 '还是' 만 남기고 다른 것은 생략할 수 있다.

是 + 선택항목 1, 还是 + 선택항목 2 [还是 + 선택항목 3…]

> 예 你是看电影、还是看话剧?
> nǐ shì kàn diàn yǐng hái shì kàn huà jù
> 너는 영화를 볼 거니 아니면 연극을 볼 거니?
>
> 你想吃饭、吃面、还是吃饺子?
> nǐ xiǎng chī fàn chī miàn hái shì chī jiǎo zi
> 당신은 밥을 먹고 싶어요, 국수를 먹고 싶어요, 아니면 만두를 먹고 싶어요?

202

① 대화를 완성하시오.

A 我要把信寄到韩国。
wǒ yào bǎ xìn jì dào Hán guó

B _____

A 空运中最快的多少钱？
kōng yùn zhōng zuì kuài de duō shao qián

B _____

② 단어의 뜻을 쓰시오.

(1) 空运   _____
    kōng yùn

(2) 海运   _____
    hǎi yùn

(3) 最   _____
    zuì

(4) 快   _____
    kuài

(5) 块   _____
    kuài

(6) 中   _____
    zhōng

---

1. B 寄空运还是海运？   B 45块。

2. (1)항공편   (2)배편   (3)제일   (4)빠르다
   (5)위안   (6)~중에

203

39 我寄的包裹没人收到。

제가 보낸 소포를 받지 못했다고 합니다.

DIALOGUE

A 워 지 더 빠오 구어 메이 런 서우 따오
我寄的包裹没人收到。
wǒ jì de bāo guǒ méi rén shōu dào

B 션 머 스 허우 지 쩌우 더
什么时候寄走的?
shén me shí hou jì zǒu de

A 싼 거 싱 치 이 치엔
三个星期以前。
sān ge xīng qī yǐ qián

B 게이 워 칸 서우 쥐　마 상 게이 닌 취에 런 이 샤
给我看收据。马上给您确认一下。
gěi wǒ kàn shōu jù　mǎ shàng gěi nín què rèn yí xià

새 단어와 어구풀이

- 收到 shōu dào 받다
- 什么时候 shén me shí hou 언제
- 以前 yǐ qián 이전
- 确认 què rèn 확인하다

- 没 méi 없다
- 三个星期 sān ge xīng qī 3주일
- 收据 shōu jù 영수증
- 马上 mǎ shàng 곧, 즉시

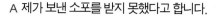

A 제가 보낸 소포를 받지 못했다고 합니다.

B 언제 보내셨지요?

A 3주 전에 보냈습니다.

B 영수증을 보여주시겠습니까? 곧 확인해 드리겠습니다.

 爱好 취미

弹钢琴
tán gāng qín
피아노를 치다

拉小提琴
lā xiǎo tí qín
바이올린을 켜다

吹笛子
chuī dí zi
피리를 불다

听音乐
tīng yīn yuè
음악을 듣다

唱歌
chàng gē
노래하다

跳舞
tiào wǔ
춤을 추다

打鼓
dǎ gǔ
북을 치다

下棋
xià qí
장기를 두다

爬山
pá shān
등산하다

逛街
guàng jiē
쇼핑하다

1 把구문 ②

◉ 把구문에서 동사 뒤에는 원칙적으로 기타 성분이 있어야 한다. 기타 성분은 了(러), 着 (저), 보어, 빈어 등이 될 수 있다.

> 예 我把这些书看了。　　　나는 이 책들을 보았다.
> wǒ bǎ zhè xiē shū kàn le
>
> 我把这些书看。　　　(×)
> wǒ bǎ zhè xiē shū kàn

> 예 他喜欢把门开着。　　　그는 문을 열어 두는 것을 좋아한다.
> tā xǐ huan bǎ mén kāi zhe
>
> 他喜欢把门开。　　　(×)
> tā xǐ huan bǎ mén kāi

2 부정 부사 沒

◉ 没는 부정을 나타내는 부사로 원래는 '没有' 이나 구어에서는 '有'를 생략하여 '没' 하나로 많이 쓰인다. 소유, 존재, 동작이나 상태가 이미 발생했음을 부정하며 수량의 부족이나 미치지 못함을 나타내기도 한다.

> 예 今天没 (有) 课。　　　　　　오늘은 수업이 없다.
> jīn tiān méi (yǒu) kè

◉ 연동문 앞에 '没有 + 명사' 의 형태로 쓰여 소유를 부정한다.

> 예 我没有书看, 你给我找一本吧!　내게 볼 책이 없으니, 네가 한 권 찾아 줘.
> wǒ méi yǒu shū kàn nǐ gěi wǒ zhǎo yì běn ba

① 대화를 완성하시오.

A 我寄的包裹没人收到。
wǒ jì de bāo guǒ méi rén shōu dào

B _____

A 三个星期以前。
sān ge xīng qī yǐ qián

B _____

② 단어의 뜻을 쓰시오.

(1) 收到 _____   (2) 没 _____
shōu dào   méi

(3) 什么时候 _____   (4) 三个星期 _____
shén me shí hou   sān ge xīng qī

(5) 以前 _____   (6) 收据 _____
yǐ qián   shōu jù

(7) 确认 _____   (8) 马上 _____
què rèn   mǎ shàng

---

1. B 什么时候寄走的？   B 给我看收据。马上给您确认一下。

2. (1)받다   (2)없다   (3)언제   (4)3주일
     (5)이전   (6)영수증   (7)확인   (8)곧, 즉시

207

40 寄特快专递是这儿吗？

특급우편을 보내는 곳이 여기입니까?

DIALOGUE

니 여우 션 머 스
A 你有什么事？
nǐ yǒu shén me shì

지 터 콰이 주안 띠 스 절 마
B 寄特快专递是这儿吗？
jì tè kuài zhuān dì shì zhèr ma

뚜이 부 치　　야오 지 터 콰이 주안 띠 데이 따오 나 비엔 더 추앙 커우
A 对不起。要寄特快专递得到那边的窗口。
duì bu qǐ　　yào jì tè kuài zhuān dì děi dào nà bian de chuāng kǒu

즈 따오 러　　씨에 씨에
B 知道了。谢谢。
zhī dao le　　xiè xie

새 단어와 어구풀이 --

• 事 shì 일
• 这儿 zhèr 여기
• 到 dào ~로 ~에 이르다
• 窗口 chuāng kǒu 창구

• 特快专递 tè kuài zhuān dì　특급우편
• 得 děi ~해야 한다
• 那边 nà bian 저쪽
• 知道 zhī dao 알다

A 무엇을 도와드릴까요?

B 특급우편을 보내는 곳이 여기입니까?

A 죄송합니다만, 특급우편은 저쪽 창구를 이용해 주십시오.

B 네, 알겠습니다. 고맙습니다.

 我一天的生活作息表 내 하루의 생활 일과

6: 30　起床
　　　qǐ chuáng
　　　일어나다

7: 00　运动
　　　yùn dòng
　　　운동하다

7: 30　吃早饭
　　　chī zǎo fàn
　　　아침식사 하다

8: 00　上班
　　　shàng bān
　　　출근하다

12:00　吃午饭
　　　chī wǔ fàn
　　　점심식사 하다

6: 30　下班
　　　xià bān
　　　퇴근하다

7: 30　到家
　　　dào jiā
　　　집에 도착하다

8: 00　吃晚饭
　　　chī wǎn fàn
　　　저녁식사 하다

8: 30　看电视
　　　kàn diàn shì
　　　TV를 보다

9: 30　上网
　　　shàng wǎng
　　　인터넷을 하다

11:00　上床睡觉
　　　shàng chuáng shuì jiào
　　　침대에 올라가서 잠을 자다

209

1 把구문 ③

◉ 동사가 쌍음절인 경우 把 앞에 능원동사나 부사가 오면 기타 성분이 없이도 把구문이 성립될 수 있다.

> 예 **我们一定要把这些问题解决。** 우리는 반드시 이 문제들을 해결해야 한다.
> wǒ men yí dìng yào bǎ zhè xiē wèn tí jiě jué

解决(해결하다) 동사 다음에 기타성분이 오지 않았다. 그 이유는 解决는 쌍음절 동사이며 또한 문장에 一定(반드시)부사와 要(~해야 한다) 능원동사가 있기 때문이다.

2 得의 발음

◉ 得 dé 얻다, 획득하다

> 예 **得失** 얻은 것과 잃은 것
> dé shī

得 děi 필요하다, ~ 해야 한다

> 예 **得用这个。** 이것을 써야 한다.
> děi yòng zhè ge

확인하고넘어가요

1 대화를 완성하시오.

A 你有什么事？
nǐ yǒu shén me shì

B _____

A 对不起。要寄特快专递得到那边的窗口。
duì bu qǐ   yào jì tè kuài zhuān dì děi dào nà bian de chuāng kǒu

B _____

2 단어의 뜻을 쓰시오.

(1) 特快专递   _____
tè kuài zhuān dì

(2) 这儿   _____
zhèr

(3) 那边   _____
nà bian

(4) 窗口   _____
chuāng kǒu

(5) 知道   _____
zhī dao

(6) 事   _____
shì

---

1. B 寄特快专递是这儿吗？   B 知道了。 谢谢。

2. (1)특급우편   (2)여기   (3)저쪽   (4)창구
   (5)알다   (6)일

다시한번 체크체크

1 중국어는 한국어로, 한국어는 중국어로 옮기시오.

(1) 要几天？
   yào jǐ tiān
   →_____

(2) 我要寄挂号信。
   wǒ yào jì guà hào xìn
   →_____

(3) 空运中最快的多少钱？
   kōng yùn zhōng zuì kuài de duō shao qián
   →_____

(4) 给我看收据。马上给您确认一下。→_____
   gěi wǒ kàn shōu jù mǎ shàng gěi nín què rèn yí xià

(5) 寄特快专递是这儿吗？
   jì tè kuài zhuān dì shì zhèr ma
   →_____

(6) 알겠습니다. 감사합니다.
   →_____

(7) 3주 전에 보냈습니다.
   →_____

(8) 45위안입니다.
   →_____

(9) 소포를 보내려고 합니다.
   →_____

(10) 책입니다.
   →_____

2 단어를 알맞게 배열하시오.

(1) 韩国 / 把 / 寄到 / 信 / 要 / 我
   Hán guó bǎ   jì dào   xìn   yào   wǒ
   →_____

(2) 什么 / 里面 / 是 / 包裹
   shén me   lǐ mian   shì   bāo guǒ
   →_____

(3) 寄走 / 什么时候 / 的
   jì zǒu   shén me shí hou de
   →_____

3 단어의 뜻을 쓰시오.

(1) 窗口 chuāng kǒu _____

(2) 那边 nà bian _____

(3) 特快专递 tè kuài zhuān dì _____

(4) 没 méi _____

(5) 以前 yǐ qián _____

(6) 确认 què rèn _____

(7) 什么时候 shén me shí hou _____

(8) 空运 kōng yùn _____

(9) 里面 lǐ mian _____

(10) 平件 píng jiàn _____

4 중국어로 옮기시오.

(1) 소포 _____

(2) 날, 일 _____

(3) 등기우편 _____

(4) 책 _____

(5) 제일 _____

(6) ~중에 _____

(7) 받다 _____

(8) 여기 _____

(9) 영수증 _____

(10) 알다 _____

해답

1. (1) 얼마나 걸리나요? (2) 등기우편으로 해주세요. (3) 항공편 중 제일 빠른 건 얼마지요?
   (4) 영수증을 보여주십시오. 곧 확인해 드리겠습니다. (5) 특급우편 보내는 곳이 여기입니까?
   (6) 知道了。 谢谢。 (7) 3个星期以前。 (8) 45块（钱）。 (9) 我要寄包裹。 (10) 几本书。

2. (1) 我要把信寄到韩国。 (2) 包裹里面是什么？ (3) 什么时候寄走的？

3. (1) 창구 (2) 저쪽 (3) 특급우편 (4) 없다 (5) 이전 (6) 확인하다 (7) 언제 (8) 항공편
   (9) ~안 (10) 보통우편

4. (1) 包裹 (2) 天 (3) 挂号信 (4) 书 (5) 最 (6) 中 (7) 收到 (8) 这儿 (9) 收据 (10) 知道

중국의 대표 옷-치파오

치파오는 만저우(满州) 사람을 가리키는 기인(旗人)의 의복이어서 기인지포(旗人之袍)라고 한다. 청나라 왕조가 세워지기 전에 만저우 사람의 의복을 만복(满服)이라고 불렀다. 만저우 사람의 의복은 당시 주변 민족의 많은 영향을 받았는데 특히 금(金), 료(辽), 몽(蒙)등 기타 민족의 의복 습관을 모방했다. 우리가 알듯이 만저우 사람의 전신(前身)은 여진족이다. 여진족은 송나라 때 이미 남쪽으로 송나라의 절반 이상의 영토를 차지하였다.

만저우 사람은 유목과 사냥에 익숙해 있었는데, 그 복장의 기초 위에 몽고족의 긴 복장과 좁은 소매 등의 특징을 빌렸다. 만저우의 의복과 한족 의복의 가장 큰 차이는 만저우의 의복은 단추를 사용하는 반면 한족의 의복은 단추를 사용하지 않는 데 있다.

만저우가 명나라를 멸하고 청나라를 세운 후 한족 사람에게 만저우의 옷을 입도록 강요하였다. 명령을 어긴 사람은 사형에 처하기도 하였다. 이러므로 한족의 의복이 소멸되고 만저우식 의복이 주가 되었다. 그 후 청나라 중기부터 치파오(旗袍 qí páo)는 주로 여성이 입는 복장이 되었다.

청나라가 몰락하고 민주 나라가 세워진 후 동양과 서양의 문화 마찰로 인해 만족(满族)과 한족(汉族)의 민족 차별이 점점 없어져 치파오는 한족의 복장으로 인정을 받게 되었다. 1929년에 치파오를 중국의 대표 의복으로 제정하였다. 치파오를 채택한 이유는 중국 각 왕조의 복장 가운데 가장 간단하면서도 가볍고 만들기 쉬우며 옷감이 적게 드는 장점이 있고 또한 단추를 끼는 방식이 편리하기 때문이었다. 30~40년대에 각양각색의 개량식 치파오가 유행한 후 50~70년대에는 점점 쇠퇴하다가 80년대부터 명절, 축제, 문예 등 행사에서부터 일상생활에까지 다시 나타나기 시작했다. 이제는 여성미를 표현하는 전형적인 중국 한족의 복장으로서 세계적으로 그 이름을 알리게 되었다.

전화

请稍等。   잠시만 기다리세요.

你打错了。   전화를 잘못 거셨습니다.

他在打电话。   지금 통화중이십니다.

转告她一下我来了电话。
저한테 전화 왔었다고 전해 주세요.

我要打对方付款电话。
수신자 부담으로 전화를 걸고 싶습니다.

41 请稍等。

잠시만 기다리세요.

DIALOGUE

A 喂 ?
웨이
wèi

B 喂， 我是金仁浩， 陈红梅小姐在吗 ?
웨이   워 스 찐 런 하오   천 훙 메이 시아오 지에 짜이 마
wèi   wǒ shì Jīn rén hào   Chén hóng méi xiǎo jiě zài ma

A 请稍等。 别把电话挂断。
칭 사오 덩   비에 바 띠엔 화 꽈 뚜안
qǐng shāo děng   bié bǎ diàn huà guà duàn

B 谢谢。
씨에 씨에
xiè xie

새 단어와 어구풀이

- 喂 wèi 여보세요
- 稍 shāo 조금, 잠시
- 别 bié ~하지마라
- 挂断 guà duàn 끊다

- 在吗 zài ma 계십니까?
- 等 děng 기다리다
- 电话 diàn huà 전화

216

A 여보세요.

B 여보세요. 저는 김인수입니다. 진홍매씨 계십니까?

A 끊지 말고 잠시만 기다리세요.

B 고맙습니다.

各种场所 각종 장소

去银行存钱 은행에 돈을 저축하러 간다
qù yín háng cún qián

去餐厅吃饭 식당에 식사하러 간다
qù cān tīng chī fàn

去学校上课 학교에 수업을 하러 간다
qù xué xiào shàng kè

去酒吧喝酒 술집에 술을 마시러 간다
qù jiǔ bā hē jiǔ

去公司上班 회사에 출근하러 간다
qù gōng sī shàng bān

去洗手间洗手 화장실에 손을 씻으러 간다
qù xǐ shǒu jiān xǐ shǒu

去公园玩儿 공원에 놀러 간다
qù gōng yuán wánr

去机场接人 공항에 사람을 맞으러 간다
qù jī chǎng jiē rén

217

1 능원동사 想 要 会

◉ 想 : ~하고 싶다. 바라다. 생각하다. 그리워하다.

> 예 我很想结婚。　　　　　　　　나는 결혼을 하고 싶어요.
> wǒ hěn xiǎng jié hūn
>
> 我很想妈妈。　　　　　　　　나는 엄마를 몹시 그리워해요.
> wǒ hěn xiǎng mā ma

◉ 要 : 1) 주관적인 의지, 요구(~하고자 한다, ~하려고 한다.)

> 예 我要换钱。　　　　　　　　　나는 돈을 바꿀래요.
> wǒ yào huàn qián

2) 객관적인 필요(~해야 한다, ~하지 않으면 안 된다.)

> 예 学生要努力学习。　　　　　　학생은 열심히 공부해야 해요.
> xué sheng yào nǔ lì xué xí

3) 미래(~할 것이다, ~하기로 되어 있다.)

> 예 他明天要来。　　　　　　　　그는 내일 오기로 했어요.
> tā míng tiān yào lái

4) 要의 부정은 '不要 ~하지 말라, ~해서는 안 된다' , '不想 하고 싶지 않다' , '不用, 不必 ~할 필요가 없다' 표현을 쓸 수 있다.

> 예 不要在这儿抽烟。　　　　　여기에서 담배를 피우지 마세요.
> bú yào zài zhèr chōu yān
>
> 你不用付钱。　　　　　　　　당신은 돈을 지불할 필요가 없습니다.
> nǐ bú yòng fù qián
>
> 我不想吃。　　　　　　　　　나는 먹고 싶지 않아요.
> wǒ bù xiǎng chī

◉ 会 : 1) 어떤 학습을 통해 기술, 능력을 가지고 할 줄 안다.

> 예 我会说一点儿日文。　　　나는 일본어를 조금 할 줄 알아요.
> wǒ huì shuō yì diǎnr Rì wén

2) 미래, 추측 등 가능성이 있다. ~할 것이다.

> 예 明年经济会好转吗？　　　내년에는 경기가 좋아질까요?
> míng nián jīng jì huì hǎo zhuǎn ma

① 대화를 완성하시오.

A _____

B 喂，我是金仁浩，陈红梅小姐在吗？
　wèi wǒ shì Jīn rén hào　Chén hóng méi xiǎo jiě zài ma

A _____

B 谢谢。
　xiè xie

② 단어의 뜻을 쓰시오.

(1) 喂　　　　　_____
　　wèi

(2) 在吗　　　　_____
　　zài ma

(3) 稍　　　　　_____
　　shāo

(4) 等　　　　　_____
　　děng

(5) 别　　　　　_____
　　bié

(6) 电话　　　　_____
　　diàn huà

(7) 挂断　　　　_____
　　guà duàn

---

1. B 喂？　　B 请稍等。别把电话挂断。

2. (1)여보세요　　　　(2)계십니까?　　　(3)조금, 잠시　　(4)기다리다
　　(5)〜하지 마라　　(6)전화　　　　　(7)끊다

219

42 你打错了。
전화를 잘못 거셨습니다.

DIALOGUE

A 喂？
웨이
wèi

B 喂？ 是餐厅吗？
웨이 스 찬 팅 마
wèi shì cān tīng ma

A 你打错了。
니 다 추어 러
nǐ dǎ cuò le

B 很抱歉。
헌 빠오 치엔
hěn bào qiàn

<hr />

새 단어와 어구풀이

- 是~吗？ shì ma ~입니까?
- 打 dǎ (전화를)걸다
- 抱歉 bào qiàn 미안합니다
- 餐厅 cān tīng 식당
- 错 cuò 틀리다

A 여보세요.

B 여보세요. 거기 음식점이죠?

A 전화 잘못 거셨습니다.

B 죄송합니다.

 인체 탐험

头 머리 tóu	脸 얼굴 liǎn
头发 머리카락 tóu fa	眉 눈썹 méi
脖子 목 bó zi	眼睛 눈 yǎn jing
肩膀 어깨 jiān bǎng	鼻子 코 bí zi
胳膊 팔 gē bo	嘴 입 zuǐ
手 손 shǒu	牙齿 이빨 yá chǐ
手指 손가락 shǒu zhǐ	唇 입술 chún
肚子 배 dù zi	屁股 엉덩이 pì gǔ
大腿 허벅지 dà tuǐ	脚 발 jiǎo
脚指 발가락 jiǎo zhǐ	

문법으로 연습해요!

1   是~吗？   ~입니까?

◉   是~吗？   ~입니까?

예   是老师吗？   선생님입니까?
shì lǎo shī ma

是电影院吗？   영화관입니까?
shì diàn yǐng yuàn ma

2   의문조사 吗 : ~입니까?

◉   吗는 의문조사로서 주로 단어나 문장 끝에 붙어서 의문의 뜻을 나타냅니다.

예   你好吗？   잘 지냈어요?
nǐ hǎo ma

你吗？   당신이에요?
nǐ ma

你爱我吗？   날 사랑해요?
nǐ ài wǒ ma

1 대화를 완성하시오.

A 喂?
wèi

B _____

A 你打错了。
nǐ dǎ cuò le

B _____

2 단어의 뜻을 쓰시오.

(1) 是～吗? _____
shì   ma

(2) 餐厅 _____
cān tīng

(3) 打 _____
dǎ

(4) 错 _____
cuò

(5) 抱歉 _____
bào qiàn

---

1. B 喂? 是餐厅吗?   B 很抱歉。

2. (1)～입니까?   (2)식당   (3)(전화)걸다   (4)틀리다
   (5)미안합니다

43 | 他在打电话。
지금 통화중이십니다.

DIALOGUE

A 웨이
喂？ 金仁洙先生在吗？
wèi   Jīn rén zhū xiān sheng zài ma

B 타 짜이 다 띠엔 화
他在打电话。
tā zài dǎ diàn huà

A 커 이 게이 타 리우 화 마
可以给他留话吗？
kě yǐ gěi tā liú huà ma

B 커 이 칭 수어 워 이 띵 주안 까오 타
可以。请说，我一定转告他。
kě yǐ   qǐng shuō   wǒ yí dìng zhuǎn gào tā

새 단어와 어구풀이

· 可以 kě yǐ 가능하다
· 留话 liú huà 남기는 말, 전언
· 一定 yí dìng 반드시
· 转告 zhuǎn gào 전하다

A 여보세요. 김인수씨 있습니까?

B 지금 통화중이십니다.

A 메시지를 남겨도 될까요?

B 네, 말씀하십시오. 꼭 전해드리겠습니다.

 손가락으로 숫자 익히기

一 yī 1

二 èr 2

三 sān 3

四 sì 4

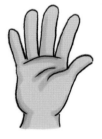

五 wǔ 5

六 liù 6

七 qī 7

八 bā 8

九 jiǔ 9

十 shí 10

1 방향보어

⊙ 동사 뒤에 '来', '去'를 붙여서 동작의 방향을 보충 설명하는 말을 방향보어라고 한다. 동작이 말하는 사람쪽으로 진행된다는 것을 나타낼 때는 동사 뒤에 '来'를 붙이고, 반대로 말하는 사람으로부터 멀어지는 경우는 '去'를 붙인다. 이동동사 중에 上, 下, 进, 出, 回, 过, 跑, 送, 走, 拿 등은 자주 방향보어 '来 / 去'와 같이 쓰인다.

上来 / 去 shàng lai / qu 올라오다 / 가다	下来 / 去 xià lai / qu 내려오다 / 가다	进来 / 去 jìn lai / qu 들어오다 / 가다	出来 / 去 chū lai / qu 나오다 / 나가다	回来 / 去 huí lai / qu 돌아오다 / 가다
过来 / 去 guò lai / qu 건너오다 / 가다	跑来 / 去 pǎo lai / qu 뛰어오다 / 가다	送来 / 去 sòng lai / qu 보내오다 / 가다	走来 / 去 zǒu lai / qu 걸어오다 / 가다	拿来 / 去 ná lai / qu 가져오다 / 가다

1) 동사 + 来 / 去

예 他回来了。　　　　　　　　그는 돌아왔어요.
　　tā huí lai le

　　我们从图书馆出来了。　　우리는 도서관에서 나왔어요.
　　wǒ men cóng tú shū guǎn chū lai le

2) 동사 + 빈어(장소) + 来 / 去

예 老师进教室来了。　　　　　선생님이 교실에 들어왔어요.
　　lǎo shī jìn jiào shì lái le

　　快上楼来吧!　　　　　　　윗층으로 빨리 올라와요!
　　kuài shàng lóu lái ba

3) 동사+ 일반빈어 + 来 / 去(특히 명령의 어기를 나타낼 때 많이 쓰인다.)

예 请你买一斤苹果来。　　　　사과를 한 근 사오세요.
　　qǐng nǐ mǎi yì jīn píng guǒ lái

　　你给我带本书来。　　　　　나에게 책 한 권을 갖다 주세요.
　　nǐ gěi wǒ dài běn shū lái

4) 동사 + 来 / 去 + 了 + 일반빈어(동작이 이미 완료된 경우 많이 쓰인다.)

예 他买来了一斤苹果。　　　　그는 사과를 한 근 사왔어요.
　　tā mǎi lái le yì jīn píng guǒ

1 대화를 완성하시오.

A 喂 ? 金仁洙先生在吗 ?
wèi　　Jīn rén zhū xiān sheng zài ma

B _____

A 可以给他留话吗 ?
kě yǐ gěi tā liú huà ma

B _____

2 단어의 뜻을 쓰시오.

(1) 可以　　_____
kě yǐ

(2) 留话　　_____
liú huà

(3) 一定　　_____
yí dìng

(4) 转告　　_____
zhuǎn gào

1. B 他在打电话。　　B 可以。请说，我一定转告他。
2. (1)가능하다　　(2)남기는 말, 전언
　(3)반드시　　(4)전하다

227

44 转告她一下我来了电话。
저한테 전화 왔었다고 전해주세요.

DIALOGUE

A 喂？ 请找张流林小姐。
　wèi　　 qǐng zhǎo Zhāng liú lín xiǎo jiě

B 她不在出去了。要给她留话吗？
　tā　bú zài chū qù le　　yào gěi　tā liú huà ma

A 转告她一下我来了电话，我等一会儿再
　zhuǎn gào tā yí xià wǒ lái le diàn huà　wǒ děng yí huìr　zài

　打电话吧。
　dǎ diàn huà ba

B 好了。
　hǎo le

새 단어와 어구풀이

- 找 zhǎo 찾다
- 不在 bú zài (~에) 없다
- 出去 chū qù 나가다
- 等一会儿 děng yí huìr 좀 기다리다, 이따가
- 打 dǎ (전화를) 걸다

228

A 여보세요? 장유림씨 부탁합니다.

B 지금 외출 중인데요. 전하실 말씀 있습니까?

A 저한테 전화 왔었다고 전해주십시오. 나중에 다시 전화하겠습니다.

B 알겠습니다.

餐桌上 식탁 위

好吃 맛있다 hǎo chī	不好吃 맛없다 bù hǎo chī
淡 싱겁다 dàn	咸 짜다 xián
甜 달다 tián	苦 쓰다 kǔ
油腻 느끼하다 yóu nì	

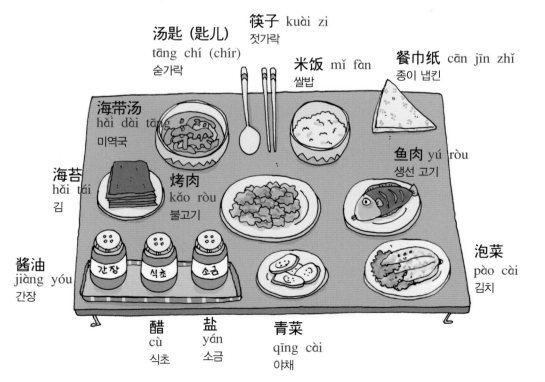

汤匙 (匙儿)
tāng chí (chír)
숟가락

筷子 kuài zi
젓가락

米饭 mǐ fàn
쌀밥

餐巾纸 cān jīn zhǐ
종이 냅킨

海带汤
hǎi dài tāng
미역국

鱼肉 yú ròu
생선 고기

海苔
hǎi tái
김

烤肉
kǎo ròu
불고기

酱油
jiàng yóu
간장

泡菜
pào cài
김치

醋
cù
식초

盐
yán
소금

青菜
qīng cài
야채

1 把 구문 ④

○ 把구문에서 부정사와 능원동사는 把 앞에 있어야 한다.

예 **我不把**这件事忘了。 나는 이 일을 잊지 않았다.(부정사)
wǒ bù bǎ zhè jiàn shì wàng le

我要把中文学好。 나는 중국어를 마스터해야 한다.(능원동사)
wǒ yào bǎ Zhōng wén xué hǎo

2 형용사 술어문

○ 술어의 주요 성분이 형용사인 문장을 '형용사 술어문' 이라 한다.

긍정문   주어 + 술어(형용사)

예 **你好**! 안녕하세요.   **我很忙**。 나는 매우 바쁩니다.
nǐ hǎo   wǒ hěn máng

부정문   주어 + 不 + 술어(형용사)

예 **我不忙**。 나는 바쁘지 않습니다.
wǒ bù máng

最近不累。 최근에는 피곤하지 않습니다.
zuì jìn bú lèi

긍정 부정의문문   주어 + 형용사 + 不 + 형용사

예 **你累不累**? 당신은 피곤한가요?
nǐ lèi bu lèi

你忙不忙? 당신은 바쁜가요?
nǐ máng bu máng

1 대화를 완성하시오.

A 喂？ 请找张流林小姐。
    wèi   qǐng zhǎo Zhāng líu lín xiǎo jiě

B ＿＿＿＿＿＿＿＿＿＿＿＿

A 转告她一下我来了电话. 我等一会儿再打电话吧。
    zhuǎn gào tā yí xià wǒ lái le diàn huà wǒ děng yí huìr zài dǎ diàn huà ba

B ＿＿＿＿＿＿＿＿＿＿＿＿

2 단어의 뜻을 쓰시오.

(1) 找 ＿＿＿＿＿＿＿＿
    zhǎo

(2) 不在 ＿＿＿＿＿＿＿＿
    bù zài

(3) 出去 ＿＿＿＿＿＿＿＿
    chū qù

(4) 等一会儿 ＿＿＿＿＿＿＿＿
    děng yí huìr

(5) 打 ＿＿＿＿＿＿＿＿
    dǎ

---

1. B 她不在出去了。要给她留话吗？   B 好了。
2. (1)찾다   (2)(~에) 없다   (3)나가다   (4)이따가
    (5)(전화를) 걸다

45 | 我要打对方付款电话。
수신자 부담으로 전화를 걸고 싶습니다.

DIALOGUE

A 我要往韩国首尔打对方付款电话。
wǒ yào wǎng Hán guó Shǒu ěr dǎ duì fāng fù kuǎn diàn huà

B 请说对方的名字和电话号码。
qǐng shuō duì fāng de míng zi hé diàn huà hào mǎ

A 02-123-4567, 金光勋。
líng èr yāo èr sān sì wǔ liù qī Jīn guāng xūn

B 我马上给你接。
wǒ mǎ shàng gěi nǐ jiē

새 단어와 어구풀이

· 往 wǎng ~로
· 对方 duì fāng 상대방
· 说 shuō 말하다
· 电话号码 diàn huà hào mǎ 전화번호

· 首尔 Shǒu ěr 서울
· 付款 fù kuǎn 돈을 지불하다
· 名字 míng zi 이름
· 接 jiē 연결하다

A 한국 서울에 수신자 부담으로 전화를 걸고 싶습니다.

B 수신자 성함과 전화번호를 말씀해 주십시오.

A 02-123-4567의 김광훈입니다.

B 곧 연결해 드리겠습니다.

 직업을 묻는 표현!

◉ 직업을 물어야 할 경우: 근무하는 장소를 위주로 하는 표현

    A 你在哪儿工作？   어디에서 근무합니까?
       nǐ zài nǎr gōng zuò

    B 我在学校工作。   학교에서 근무합니다.
       wǒ zài xué xiào gōng zuò

◉ 직업을 물어야 할 경우: 직업을 위주로 하는 표현

    A 你做什么工作？   직업이 무엇입니까?
       nǐ zuò shén me gōng zuò

    B 我是医生。   나는 의사입니다.
       wǒ shì yī shēng

◉ 직접 직업명을 묻지 않고 직업과 관련된 행위를 사용하는 간접적 표현

    A 你是做什么的？   직업이 무엇입니까?
       nǐ shì zuò shén me de

    B 我是做生意的。   나는 장사를 합니다.
       wǒ shì zuò shēng yi de

문법으로 연습해요!

1 성조의 변화

◉ '一'의 고유 성조는 제1성으로 읽는다. '一(yī)'는 단독으로 쓰이거나 연속된 숫자 사이
에 있을 경우, 혹은 단어나 문장 끝에 쓰일 경우, 서수, 년도 등에는 제1성으로 발음한다.

> 예 1, 2, 3: 一, 二, 三 yī, èr, sān   11: 十一 shí yī
>
> 518: 五一八 wǔ yī bā   제1과: 第一课 dì yī kè
>
> 1991년: 一九九一年 yī jiǔ jiǔ yī nián   1월: 一月 yī yuè

'一' 뒤에 제1성, 제2성이나 제3성이 있을 경우, 제4성으로 발음해야 한다.

一(yī) + 제1성 → 一(yì) 제2성 제3성	예 yì tiān 一天 하루 yì huí 一回 1회 yì qǐ 一起 함께

'一'의 뒤에 제4성이나 경성이 있을 경우 제2성으로 발음한다.

一(yī) + 제4성 → 一(yí) 경성	예 yí gòng 一共 모두 yí ge 一个 한 개

2 숫자 읽기

◉ 02-123-4567 하나하나 끊어 읽는다.

líng	èr	yāo	èr	sān	sì	wǔ	liù	qī
0	2	- 1	2	3	- 4	5	6	7

yī(이)는 yāo(야오)로도 발음한다.

1 대화를 완성하시오.

A 我要往韩国首尔打对方付款电话。
wǒ yào wǎng Hán guó Shǒu ěr dǎ duì fāng fù kuǎn diàn huà

B _____

A 02-123-4567，金光勋。
líng èr yāo èr sān sì wǔ liù qī Jīn guāng xūn

B _____

2 단어의 뜻을 쓰시오.

(1) 往　　　　_____
wǎng

(2) 对方　　　_____
duì fāng

(3) 付款　　　_____
fù kuǎn

(4) 名字　　　_____
míng zi

(5) 电话号码　_____
diàn huà hào mǎ

(6) 接　　　　_____
jiē

---

1. B 请说对方的名字和电话号码。　　　B 我马上给你接。

2. (1)~로　　　　　　(2)상대방　　　　(3)돈을 지불하다
　　(4)이름　　　　　　(5)전화번호　　　(6)연결하다

다시한번 체크체크

1 중국어는 한국어로, 한국어는 중국어로 옮기시오.

(1) 喂？ 陈红梅小姐在吗？ → _____
　　wèi　　Chén hóng méi xiǎo jiě zài ma

(2) 很抱歉。 → _____
　　hěn bào qiàn

(3) 他在打电话。 → _____
　　tā zài dǎ diàn huà

(4) 我马上给你接。 → _____
　　wǒ mǎ shàng gěi nǐ jiē

(5) 我等一会儿再打电话吧。 → _____
　　wǒ děng yí huìr zài dǎ diàn huà ba

(6) 저한테 전화 왔었다고 전해주세요. → _____

(7) 메시지를 남겨도 될까요? → _____

(8) 전화를 잘못 거셨습니다. → _____

(9) 여보세요. → _____

(10) 끊지 말고 잠시만 기다리세요. → _____

2 단어를 알맞게 배열하시오.

(1) 我 / 首尔 / 电话 / 往 / 打 / 付款 / 对方 / 要
　　wǒ　Shǒu ěr　diàn huà　wǎng　dǎ　　fù kuǎn　duì fāng　yào

　→ _____

(2) 说 / 名字 / 电话号码 / 和 / 请 / 对方 / 的
　　shuō　míng zi　diàn huà hào mǎ　hé　qǐng　duì fāng　de

　→ _____

(3) 一定 / 她 / 我 / 转告
　　yí dìng　tā　wǒ　zhuǎn gào

　→ _____

3 단어의 뜻을 쓰시오.

(1) 往 _____
wǎng

(2) 付款 _____
fù kuǎn

(3) 名字 _____
míng zì

(4) 不在 _____
bú zài

(5) 等一会儿 _____
děng yí huìr

(6) 一定 _____
yí dìng

(7) 转告 _____
zhuǎn gào

(8) 留话 _____
liú huà

(9) 等 _____
děng

(10) 挂断 _____
guà duàn

4 중국어로 옮기시오.

(1) 여보세요 _____

(2) 조금(잠시) _____

(3) 전화 _____

(4) 식당 _____

(5) 틀리다 _____

(6) 가능하다 _____

(7) 찾다 _____

(8) 걸다 _____

(9) 상대방 _____

(10) 연결하다 _____

해 답

1. (1) 여보세요? 진홍매씨 계십니까? (2) 죄송합니다. (3) 통화중입니다.
(4) 곧 연결해 드리겠습니다. (5) 나중에 다시 전화 드리겠습니다. (6) 转告她一下我来了电话。
(7) 可以给他留话吗？ (8) 你打错了。 (9) 喂。 (10) 请稍等，别把电话挂断。

2. (1) 我要往首尔打对方付款电话。   (2) 请说对方的名字和电话号码。
(3) 我一定转告她。

3. (1) ~로 (2) 돈을 지불하다 (3) 이름 (4) 자리를 비우다 (5) 이따가 (6) 반드시 (7) 전하다
(8) 전언, 말을 남기다 (9) 기다리다 (10) 끊다

4. (1) 喂 (2) 稍 (3) 电话 (4) 餐厅 (5) 错 (6) 可以 (7) 找 (8) 打 (9) 对方 (10) 接

수퍼마켓에 있는 야채 · 과일 코너와 해산물 코너

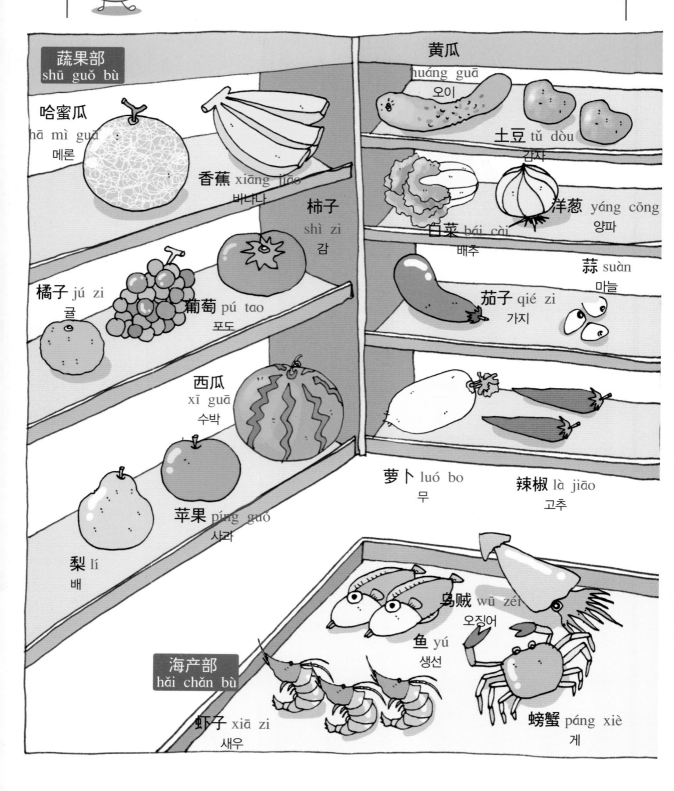

蔬果部 shū guǒ bù

哈蜜瓜 hā mì guā 메론

香蕉 xiāng jiāo 바나나

橘子 jú zi 귤

葡萄 pú tao 포도

柿子 shì zi 감

西瓜 xī guā 수박

苹果 píng guǒ 사과

梨 lí 배

黄瓜 huáng guā 오이

土豆 tǔ dòu 감자

白菜 bái cài 배추

洋葱 yáng cōng 양파

蒜 suàn 마늘

茄子 qié zi 가지

萝卜 luó bo 무

辣椒 là jiāo 고추

海产部 hǎi chǎn bù

乌贼 wū zéi 오징어

鱼 yú 생선

虾子 xiā zi 새우

螃蟹 páng xiè 게

중국어 펜맨십

간체자 쓰기 노트

爸
bà

(명) 아빠, 아버지

爸 · 아비 파

丿 ハ 夕 父 爷 谷 爸 爸

妈
mā

(명) 엄마, 어머니

妈 · 어미 마

乁 夕 女 妇 妈 妈

你
nǐ

(대) 너, 당신

你 · 너 니

丿 亻 亻 亻 你 你 你

好
hǎo

(형) 좋다

好 · 좋을 호

乁 夕 女 妇 奵 好

我
wǒ
(대) 나, 저
我 · 나 아

丶 一 亻 扌 我 我 我

是
shì
(동) 옳다, ~이다
是 · 옳을 시

丨 冂 曰 旦 旱 早 昰 昰 是

老
lǎo
(형) 늙다
老 · 늙은이 로

一 十 土 耂 耂 老

师
shī
(명) 스승, 선생
师 · 스승 사

丿 刂 丿 圹 圹 师 师

吗 ma (조) 의문을 나타냄 嗎 • 꾸짖을 마	⺁ ⼝ ⼝ 吗 吗 吗				

他 tā (대) 그, 제삼자 他 • 다를 타	ノ 亻 仳 仳 他				

不 bù (부) 아니다, 않다 不 • 아니 불	一 プ 不 不				

哥 gē (명) 형, 오빠 哥 • 형 가	一 丆 可 可 可 哥 哥 哥 哥 哥				

弟 dì (명) 아우, 동생 弟 • 아우 제	丶 丷 丷 兰 肖 弟 弟				

谁 shéi (대) 누구 誰 • 누구 수	丶 讠 讠 计 讠 计 计 计 谁 谁				

她 tā (대) 그녀 她 • 그녀 타	乚 乚 女 如 如 她				

妹 mèi (명)누이동생, 여동생 妹 • 누이 매	乚 乚 女 女 女 妹 妹 妹				

姐
jiě
(명) 언니, 누나
姐 • 누이 저

く タ 女 如 如 姐 姐 姐

爷
yé
(명) 할아버지
爺 • 아비 야

ノ ハ グ 父 爷 爷

这
zhè
(대) 이, 이것
這 • 이 저

丶 亠 う 文 文 这

那
nà
(대) 그, 저
那 • 무엇 나

フ ヨ ヨ 月 那 那

什
shén
(대) 무엇, 무슨
甚 · 무엇 심

ノ 亻 仁 什

么
me
(접미) 어조사
嬤 · 어조사 마

ノ 厶 么

书
shū
(명) 책
書 · 글 서

乛 ⁊ 书 书

笔
bǐ
(명) 필기구
筆 · 붓 필

ノ ⺮ ⺮ 竹 竹 笁 笁 竺 竺 笔

黑
hēi
(형) 검다, 까맣다
黑 • 검을 흑

丨 冂 冂 冃 四 里 甲 里 里 黑 黑 黑

板
bǎn
(명) 널빤지, 판자
板 • 널빤지 판

一 十 才 木 杧 杤 板 板

们
men
(접미) 들(복수를 나타냄)
們 • 들 문

丿 亻 亻 们 们

看
kàn
(동) 보다
看 • 볼 간

一 二 三 手 看 看 看 看 看

有 yǒu (동) 가지다, 있다 有 • 있을 유	一 ナ 才 有 有 有				

没 méi (동) 없다 沒 • 빠질 매	` ` 氵 氵 汎 汐 没				

气 qì (명) 기체, 가스 氣 • 기운 기	′ ´ ⺍ 气				

球 qiú (명) 공 球 • 공 구	一 二 干 王 王 玎 玎 玎 球 球 球				

飞 fēi (동)날다 飛 • 날비	乁 飞 飞				

机 jī (명)기계, 기구 机 • 틀기	一 十 才 木 机 机				

家 jiā (명)집, 가정 家 • 집가	丶 亠 宀 宀 宇 宇 家 家 家 家				

狗 gǒu (명)개 狗 • 개구	丿 犭 犭 犭 狗 狗 狗 狗				

猫
māo
(명) 고양이
猫 · 고양이 묘

丿 犭 犭 狁 狁 狣 狣 猫 猫 猫 猫

吃
chī
(동) 먹다
吃 · 말 더듬을 흘

丨 口 口 吖 吃 吃

米
mǐ
(명) 쌀
米 · 쌀 미

丶 丷 丷 半 米 米

饭
fàn
(명) 밥
飯 · 밥 반

丿 饣 饣 饣 饣 饭 饭

爱 ài (동) 사랑하다, 좋아하다 愛 • 사랑 애	一 ハ ㅸ ㅸ ㅸ 뜐 ᄹ ᄹ 뜢 뜢 愛			

鱼 yú (명) 물고기 魚 • 고기 어	𠂉 𠂉 𠂉 鱼 鱼 鱼 鱼 鱼			

虾 xiā (명) 새우 蝦 • 새우 하	丶 口 口 中 虫 虫 虫 虾 虾			

要 yào (동) 필요하다 要 • 구할 요	一 ㅣ 厂 币 币 西 西 要 要 要			

木 mù (명) 나무 木 · 나무 목	一 十 才 木				

瓜 guā (명) 박과 식물 瓜 · 오이 과	一 厂 爪 瓜 瓜				

请 qǐng (동) 청하다, 요구하다 請 · 청할 청	丶 讠 讠 讠 讠 请 请 请 请 请				

进 jìn (동) 들어가다 進 · 나아갈 진	一 广 廾 井 井 进				

坐 zuò (동) 앉다 坐 • 앉을 좌	⺈ ⺈ ⼂⼂ ⼂⼂ ⼂⼂ 坐 坐			

谢 xiè (동) 감사하다 谢 • 사례할 사	` ⼂ ⼂ ⼂ 订 订 诮 诮 诮 谢 谢			

喝 hē (동) 마시다 喝 • 꾸짖을 갈	⼁ 冂 口 口 口 口 口 口 喝 喝 喝 喝			

茶 chá (명) 차, 차나무 茶 • 차 다	一 十 艹 艹 艾 茏 荂 茶			

糖 táng (명) 설탕, 사탕 糖 · 사탕 당	一 十 廾 廾 米 米 米 糒 糒 糒 糒 糖 糖 糖				

叫 jiào (동) 부르다, 부르짖다 叫 · 부르짖을 규	丨 冂 口 叫 叫				

名 míng (명) 이름, 명칭 名 · 이름 명	丿 ク タ 夕 名 名				

字 zì (명) 글자 字 · 글자 자	丶 丷 宀 宁 字 字				

小 xiǎo (형) 작다 小 · 작을 소	亅 小 小			

文 wén (명) 글자, 문자 文 · 글월 문	丶 亠 亓 文			

云 yún (명) 구름 雲 · 구름 운	一 二 テ 云			

几 jǐ (대) 얼마, 몇 幾 · 얼마 기	丿 几			

岁 suì (양) 살, 나이 歳 · 나이 세	⺊ ⺊ 山 屮 岁 岁				

都 dōu (부) 모두, 전부 都 · 도읍 도	一 十 土 耂 耂 者 者 者 都 都				

朋 péng (명) 친구, 벗 朋 · 벗 붕	丿 刀 月 月 刖 刖 朋 朋				

友 yǒu (명) 벗, 친구 友 · 벗 우	一 ナ 方 友				

今
jīn
(명) 지금, 오늘
今 · 이제 금

ノ 人 人 今

天
tiān
(명) 하늘, 하루
天 · 하늘 천

一 二 干 天

月
yuè
(명) 달
月 · 달 월

丿 几 月 月

号
hào
(명) 번호, 날짜, 일
號 · 부를 호

丨 口 口 丏 号

257

星	` 丆 冂 日 旦 旦 旦 星 星				
xīng (명) 별 星 • 별 성					

期	一 十 卄 廿 甘 其 其 其 期 期 期 期				
qī (명) 기간, 기한 期 • 기약할 기					

日	ㅣ 冂 日 日				
rì (명) 날, 하루 日 • 날 일					

明	ㅣ 冂 日 日 日 明 明 明				
míng (형) 밝다 (명) 다음 明 • 밝을 명					

想	一 十 才 木 机 机 相 相 相 相 想 想				
xiǎng					
(동) 생각하다					
(조동) ~하고 싶다					
想 · 생각할 상					

去	一 十 土 去 去				
qù					
(동) 가다					
去 · 갈 거					

哪	ⅰ ⅰ 口 叮 叮 叮 叨 哪 哪				
nǎ					
(대) 어느 것, 어디					
哪 · 어찌 나					

公	ノ 八 公 公				
gōng					
(형) 공공의					
公 · 공변될 공					

园
yuán

一 冂 冂 冃 戸 园 园

(명) 동산, 밭, 공원

園 · 동산 원

花
huā

一 十 艹 艹 艾 芢 花

(명) 꽃

花 · 꽃 화

草
cǎo

一 十 艹 艹 芍 苩 苩 草

(명) 풀

草 · 풀 초

喜
xǐ

一 十 吉 吉 吉 吉 吉 壴 壴 喜

(동) 기뻐하다

喜 · 기쁠 희

260

欢
huān
(동) 기뻐하다
歡 • 기뻐할 환

フ ヌ ヌ' ヌ' ヌ' 欢

再
zài
(부) 다시
再 • 다시 재

一 丆 丂 丏 再 再

见
jiàn
(동) 보다, 만나다
見 • 볼 견

丨 冂 贝 见

快
kuài
(형) 빠르다, 기쁘다
快 • 쾌할 쾌

丶 丨 丬 忄 忄 快 快

乐 lè (형) 기쁘다, 즐겁다 樂 · 즐길 락	一 𠂇 乐 乐 乐

的 de (조) 관용어를 만드는 조사 的 · 과녁 적	′ 亻 白 白 白 的 的 的

蜜 mì (명) 꿀 蜜 · 꿀 밀	丶 丷 宀 宀 宓 宓 宓 宓 宓 密 密 蜜 蜜 蜜

蜂 fēng (명) 벌 蜂 · 벌 봉	丶 口 口 中 虫 虫 虫 虫 蚁 蚁 蜂 蜂 蜂

黄 **huáng** (형) 누렇다 (명) 황색 黄 • 누를 황	一 十 卄 卄 芾 芾 苦 苗 苗 黃 黃				

勇 **yǒng** (형) 용감하다 勇 • 용감할 용	⁻ ⁻ ⁻ ⁻ 丏 丏 甬 甬 勇 勇				

敢 **gǎn** (조동) ~할 용기가 있다 敢 • 감히 감	⁻ ⁻ 千 千 千 千 耳 耳 耳 耶 敢				

熊 **xióng** (명) 곰 熊 • 곰 웅	⁻ ㅿ 스 仒 台 台 育 能 能 能 能 熊 熊				

学 xué (동) 배우다 (명) 학교 學 · 배울 학	` ` ` ` ` ` 学 学 学				

生 shēng (동) 낳다, 생기다 (명) 학생 生 · 날 생	ノ ト 仁 牛 生				

上 shàng (명) 위 (동) 오르다 上 · 위 상	ㅣ ㅏ 上				

课 kè (명) 수업 課 · 매길 과	` 讠 讠 训 训 讲 课 课 课				

很 hěn (부) 매우, 아주 很 · 패려궂을 흔	´ ㇒ ㇀ 彳 ㇁ 彳 彳 很 很 很				

用 yòng (동) 쓰다, 사용하다 用 · 쓸 용	㇒ 冂 月 月 用				

功 gōng (명) 공로, 공적 功 · 공 공	¯ ㇀ 工 功 功				

说 shuō (동) 말하다 說 · 말씀 설	` ㇀ ㇆ ㇆ 讠 讠 讠 讠 说				

话

huà

(동) 말하다

(명) 말, 언어

話 • 말할 화

丶 讠 讠 讠 讦 话 话 话

能

néng

(조동) ~할 수 있다

能 • 능할 능

厶 厶 乍 介 自 自 自 能 能 能

听

tīng

(동) 듣다

廳 • 들을 청

丨 冂 口 叮 听 听 听

懂

dǒng

(동) 알다, 이해하다

懂 • 심란할 동

丨 忄 忄 忄 忄 忄 忄 忭 忭 悼 悼 悼 懂 懂

莉
lì

(명) 말리

莉 · 말리 리

一 艹 艹 艹 艹 芗 芗 茐 莉 莉

叔
shū

(명) 작은 아버지,
숙부

叔 · 아재비 숙

丨 丄 上 ナ 才 赤 叔 叔

也
yě

(부) 또한, 역시

也 · 어조사 야

丿 也 也

校
xiào

(명) 학교

校 · 학교 교

一 十 才 木 杧 朽 柠 柠 柠 校

长 zhǎng (형) 나이가 많다 長 · 어른 장	一 十 卡 长				

个 gè (양) 개, 명, 사람 個 · 낱 개	ノ 人 个				

还 hái (부) 아직, 여전히 还 · 돌아올 환	一 丆 オ 不 不 还				

和 hé (접) ~와(과), 및 和 · 온화할 화	ノ 二 千 禾 禾 和 和				

中
zhōng
(명) 한가운데, 중심
中 ∙ 가운데 중

丨 冂 口 中

本
běn
(명) 근본, 판본
本 ∙ 근본 본

一 十 才 木 本

包
bāo
(명) 보따리, 가방
包 ∙ 쌀 포

丿 勹 勹 匀 包

铅
qiān
(명) 납, 흑연
鉛 ∙ 납 연

丿 𠂉 𠂆 牜 钅 钊 钌 钌 铅 铅

支
zhī
(명) 가지
(양) 자루

支 • 가지 지

一 十 ち 支

两
liǎng
(수) 둘

两 • 두 량

一 丆 丂 丙 丙 两 两

橡
xiàng
(명) 고무나무

橡 • 상수리나무 상

一 十 才 木 术 栌 栌 栌 柊 栌 橡 橡 橡 橡

皮
pí
(명) 가죽

皮 • 가죽 피

丿 厂 广 皮 皮

270

再见吧。